LE VOYAGE
À LIVERPOOL

DU MÊME AUTEUR

Voilà, 1 663 jours dans les coulisses de Voici, Ramsay, 2002

Jacques Colin

LE VOYAGE À LIVERPOOL

Éditions Ramsay

À Clélia.

Pour moi, un foyer n'est pas une maison en brique
ou en pierre ni même un lieu.
C'est une communauté d'esprit où chacun peut se nicher,
se reposer, trouver la tendresse, la confiance, le calme,
l'inquiétude aussi.

Hannah Jelkes dans *La Nuit de l'Iguane*,
TENNESSEE WILLIAMS.

Ce que fan veut…

Un matin d'avril, je déjeunais avec un éditeur dans une brasserie du faubourg Saint-Germain. À la table voisine, Anthony Delon confiait à un barbu son intention de s'installer à New York. De jeunes dames sans profession projetaient un séjour en Floride, en attendant que Portofino se réchauffe. Un ami de Françoise Sagan arborait un bronzage tropézien pour être honnête. Je faisais pâle figure au milieu de cette mélanine. La veille encore, j'étais à Liverpool. L'éditeur s'étonna. Qu'étais-je allé faire dans cet endroit « sinistre » ?

J'accompagnais ma fille sur la piste des Beatles. C'était notre second voyage. Nous avions déjà arpenté les rives de la Mersey l'hiver précédent, une saison rêvée pour s'imprégner de la saveur de la ville : le thermomètre dépassait rarement les six degrés. Un vent glacé, venu de la mer d'Irlande, balayait Lord Street ; sur les quais, près d'Albert Dock, on peinait à avancer contre lui.

On ne va pas vers ces latitudes peuplées de puritains sans éveiller les soupçons. L'éditeur voulut savoir comment j'avais pu organiser de tels voyages. « C'est simple, lui dis-je. Il suffit de ne pas être marié. » Et je lui contai la genèse de notre premier pèlerinage liverpudlian.

C'était en septembre 2001. Clélia venait de rentrer de vacances.

« Tu connais les Beatles ? » m'avait-elle demandé.

J'avais répondu oui. Clélia déteste les réponses longues.

« Tu les aimes bien ? avait-elle ajouté.

– Oui.

– Tu connais *Eleanor Rigby* ?

– Oui. »

J'étais allé fouiller dans ma discothèque où je savais trouver deux compilations des Beatles, les avais tendues à Clélia. Elle les avait écoutées en boucle tout le week-end. Cela faisait des années, voire des décennies, que je n'avais posé un disque des Beatles sur une platine, mais je n'avais oublié aucune mélodie et me surpris à en fredonner certaines à l'unisson.

Au fil des écoutes, des bouffées de souvenirs venaient se mêler à la musique : une photo de pochette, le plateau en feutrine rouge d'un électrophone, ce passage où, toujours, le saphir sautait, l'œil magique de la radio que j'allumais vers dix-sept heures, un slow dansé à bout de bras, un blouson de skaï noir, un bruit de fête foraine.

Quelque chose céda à l'écoute de *For No One*. Je me laissai aspirer par la suite d'accords, retrouvai la mélancolie qui m'avait envahi à la première écoute, près de quarante ans auparavant. J'en ressentis une volupté ambiguë.

À chacune de ses visites, Clélia reprenait son exploration de *Beatleland* et poursuivait son interrogatoire. Et cette chanson, je la connaissais ? Et cette autre ? C'était un étrange voyage, vers l'inconnu pour elle, vers le passé pour moi. Je me mis à lui raconter mon tourne-disque, ma première surprise-partie, mes années de collège. De ce brouillard surgissaient quelques silhouettes : le squelette de la salle de Sci-Nat en sixième, Dominique, une blonde coiffée au carré que j'avais aimée en silence jusqu'en quatrième, une prof d'anglais aux jambes pâles vêtue d'une robe bleu ciel et chaussée d'escarpins blancs…

« C'était quoi, ton premier disque des Beatles ?
– *She Loves You.*
– T'avais quel âge ?
– Je sais plus... Quatorze ans, quinze, peut-être...
– Tu étais grand, alors ?
– Pas tant que ça. Quinze ans dans les années soixante, c'est comme douze ans aujourd'hui. On était encore des enfants.
– Et à dix ans ?
– Tu veux dire, comme toi ? Oh, à dix ans, on était des bébés... »

Un dimanche après-midi, on donnait *A Hard Day's Night* dans une petite salle du Quartier latin. La file d'attente n'était pas très longue, Clélia en était la benjamine. Quand la salle se ralluma, je songeais à une machine à remonter le temps dont je réglerais le compteur sur 1964.

« Alors, tu viens ? » m'a demandé Clélia.

Le voyage à Liverpool a commencé autour de ma chambre. Le week-end, dès son arrivée, Clélia poussait les meubles pour dégager une piste de danse. Les chattes s'abritaient sous le piano.

Elle avait un faible pour *Twist And Shout*, qu'elle remettait à l'envi, avant de venir, à bout de souffle, s'appuyer sur l'accoudoir de mon fauteuil pour me poser des questions. J'ai vite mesuré mon ignorance : la moitié des titres des cinq premiers albums des Beatles m'était inconnue. J'avais été nourri aux 45-tours, aux tubes et aux faces B. Je ne savais presque rien de leur vie avant *Rubber Soul.*

Je me mis en quête d'informations, m'efforçant d'apporter du nouveau à chacune des visites de Clélia : photographies, disques, vidéos, paroles de chansons, magazines, pages Internet. Clélia regardait, découpait, épinglait au mur et au plafond.

Elle avait dévoré les quatre biographies qui ouvrent *The Beatles Anthology*[1]. Éprouvant pour les quatre jeunes gens l'amour sans partage des enfants, elle jurait n'en préférer aucun, mais les yeux bleus de Ringo avaient sa faveur. Mes moqueries à l'adresse de Paul, que j'imitais en gonflant les joues, ne la faisaient jamais sourire.

Dès qu'elle lâchait le livre, je m'en emparais et m'y plongeais avec délices. Je découvris des photos où les quatre garçons avaient une quinzaine d'années. Ils ressemblaient aux *teddy-boys* photographiés à la même époque par Jürgen Vollmer[2] à la foire du Trône – cuir, jeans, banane, Mobylette, petites amies choucroutées et regard perdu –, ces blousons noirs qui faisaient trembler les bourgeois au temps du Général.

Chapitre 1

Roule, Britannia

Blest isle! with matchless beauty crowned,
And manly hearts to guard the fair.

JAMES THOMPSON

Dimanche 24 février

J'ai vérifié une dernière fois que les bagages contenaient l'essentiel – pulls, chaussettes, chapeaux, cirés, bottes et parapluie –, Clélia a donné à manger aux chattes en abondance (quelqu'un viendra les nourrir, mais on ne sait jamais…). Nous avons chargé la voiture et pris la direction du Havre au son de *Help!* Il faisait gris et froid, mais la météo est la dernière préoccupation du pèlerin.

À la sortie du tunnel de Saint-Cloud, Clélia demande :

« À quelle heure on arrive ?

– Au Havre ? Dans deux heures.

– Deux heures… Et on va rester combien de temps sur le bateau ?

– Six heures et demie.

– Six heures et demie ! Mais c'est vachement long !

– Mais non. Et puis, c'est un grand bateau. Il y aura plein de choses à faire.

– Des boutiques ?

– Oui, des boutiques. Il y a même deux cinémas.

– Deux !

– Oui. Et je crois qu'ils passent *Harry Potter*.

– Hum… Mais à tous les coups, ça va être en français.

– Ça m'étonnerait, c'est un ferry anglais.

– Ouais ! Mais alors, il n'y aura pas de sous-titres.

– Mais si. Il n'y a pas que des Anglais qui vont en Angleterre.

– En tout cas, il faut que je me prépare. À partir de maintenant, tu me parles en anglais.

– D'accord. *Are you happy to go to Liverpool ?*

– *Yes…*

– Tu sais que…

– En anglais, papa ! *In-eng-lish. OK?*»

Clélia s'inquiète. Peut-on devenir bilingue en deux heures ? Je me veux rassurant.

« Tu sais déjà beaucoup de choses. À ton âge, je ne parlais pas un mot d'anglais.

– Ah bon ?

– Personne ne parlait anglais en France à l'époque. Il y avait un comique qui s'appelait Jacques Bodoin. Il avait fait un sketch qui passait tout le temps à la radio, *La Leçon d'anglais.* C'était un collégien qui récitait : "*Aïe go tout ze blaque beau harde, aïe tek ze pièce of chalque…*"

– Et tu trouvais ça drôle ?

– Oui.

– Bon… À quelle heure on arrive à Liverpool ?

– Pas avant demain après-midi.

– Ah…

– Mais ce soir, nous dormirons en Angleterre.

– Ouaiaiais ! Où ça ?

– À Fareham, entre Portsmouth et Southampton. Je ne voulais pas passer la nuit dans une grande ville. Et puis, ce sera plus facile de reprendre notre chemin lundi.

– Tu as réservé un hôtel ?

– Oui.
– Il est bien ?
– Tiens, regarde là-dedans. »

Une serviette de cuir noir, posée entre nous, contient nos sésames : cartes routières, passeports, billets de ferry, réservations. Clélia feuillette le dépliant envoyé par l'hôtel.

« Tu as bien choisi. Ça veut dire quoi "*Tea/coffee making facilities*" ?

– Qu'il y a une bouilloire.
– Et "*trouser press*" ?
– C'est une machine à repasser les pantalons.
– Tu vois, les Anglais, ils pensent à tout. »

Clélia poursuit son exploration. Elle extrait un paquet de feuilles volantes.

« C'est quoi, ça ?

– Ça, c'est tout ce qui concerne les Beatles à Liverpool, leurs maisons…
– La boutique de Mathew Street ?
– La boutique de Mathew Street, la Cavern… le musée… »

Au fil de mes recherches, j'ai composé un itinéraire « découverte de Liverpool ». Il recense les maisons natales des Beatles, un cinéma de faubourg où ils ont joué un quart d'heure en octobre 1960, l'ancien emplacement de NEMS, la boutique de Brian Epstein, le studio de Percy Philipp, dans Kensington, où ils enregistrèrent *In Spite of All The Danger* en 1958. Je dispose d'adresses de pubs, d'écoles primaires, de maternités. Je sais où trouver la tombe de Julia, la mère de Lennon, et celle d'Eleanor Rigby. J'emporte un plan de Penny Lane où figurent le « *barber showing photographs* » et le « *shelter in the middle of a roundabout* ». Si nous avons le temps, nous visiterons Saint Barnabas, l'église où Paul était enfant de chœur. Ce n'est pas très loin de Strawberry Field, un abri de l'Armée du

Salut. De là, on rejoint *Mendips*, au 251 Menlove Avenue, où John Lennon a passé toute sa jeunesse, chez sa tante Mimi. C'est à quelques dizaines de mètres que, le 15 mai 1958, Julia, la mère de John, est morte, renversée par une Standard Vanguard immatriculée LKF 630 et conduite par un policier qui n'était pas en service. De tous ces lieux, et de bien d'autres, je possède des photographies assorties de longs commentaires et de plans. Nous ne risquons pas de nous perdre. Je connais la position de la Cavern à la seconde près : 53°24'21" de latitude nord, 2°59'17" de longitude ouest.

Arriver au Havre un dimanche d'hiver sous un crachin brestois est une expérience radicale. La zone portuaire semble avoir été vidée de ses habitants par une bombe à neutrons. À la cafétéria du terminal P & O, des voyageurs mastiquent des hamburgers spongieux, le regard perdu vers le quai où, nez relevé et ventre béant, le *Pride of Portsmouth* avale des semi-remorques. Dans la file n° 6, une dame, uniforme impeccable sous un ciré jaune fluo, nous dirige vers le pont n° 3. Je coupe le contact et retarde toutes les montres d'une heure.

Nous grimpons les douze volées d'escaliers qui mènent au pont n° 8, un Parly II flottant, tendu de moquette violette rehaussée de motifs roses, comptant deux boutiques, trois bars, deux restaurants, deux cinémas, une salle de jeux d'arcade, un casino et une salle de sports. On nous avait prévenus, « Avec P & O, l'ennui reste à quai… »

À 14 h 45, heure anglaise, le ferry se met à vibrer et glisse dans l'estuaire brumeux vers le cap de la Hève. Rien ne distingue le ciel de la mer. Nous tirons les rideaux verts à imprimé géométrique du Club Class Lounge et jouons aux Anglais.

On n'affronte pas l'Angleterre sans entraînement. Un buffet est à la disposition des passagers, avec boissons chaudes, jus de fruits et biscuits. Clélia en revient régulièrement portant un plateau débordant de crackers.

Après la cérémonie du thé et des muffins, la lecture des journaux assure un bon complément. Je me plonge dans le *Daily Telegraph*. La veille, à Liverpool, McCartney a fait une apparition surprise au concert donné en hommage à feu George Harrison. Tous les vieux de la vieille du *Merseybeat* étaient présents. Sur la photo, Paul a les cheveux teints, Gerry Marsden ressemble à Charles Trenet.

J'enchaîne avec les conseils de Mary Killen, la « Demoiselle Bonnes Manières » du *Spectator*, l'hebdomadaire de la vieille Angleterre. La première lettre émane d'un jeune officier. Il se plaint de ne pouvoir satisfaire ses besoins naturels lors de certains dîners au mess, la règle étant de ne jamais quitter la table avant que le colonel n'en ait donné le signal. « Or, ajoute-t-il, ces repas peuvent durer plus de trois heures. Un de mes amis s'est résigné à se soulager dans une carafe, mais il a été sévèrement puni. J'ai entendu dire que certains ôtaient leur veste et, se faisant passer pour des serveurs, s'esquivent en emportant des plats. À l'évidence, ce n'est pas une solution satisfaisante. Que me suggérez-vous, Mary ? »

« Allez faire un tour sur le site www.crbard.com, répond Miss Manners. Vous y trouverez ce qu'on pourrait appeler un "préservatif social". L'appareil s'attache à l'aide d'une bande adhésive à la base du membre concerné. À son autre extrémité, une valve communique avec un réceptacle destiné à recueillir les petites quantités émises par certains sujets âgés anxieux. Pour des quantités plus importantes, on peut fixer à l'appareil un tube qui le relie à des réservoirs étanches dont la capacité varie de 350 ml à 750 ml. Mon pharmacien m'a expliqué que ces réservoirs peuvent être portés à hauteur de la cheville ou encore dissimulés dans vos sous-vêtements. De cette manière, l'expulsion des eaux usées auxquelles vous faites référence peut s'effectuer sans bruit, et sans attirer les moqueries de vos voisins. »

Savoir vivre en société est un art purement britannique. Mary Killen en est devenue la référence grâce à son art de n'écarter aucune question triviale – au sens anglais, c'est-à-dire « insignifiante ». Quand une dame de la bonne société londonienne croise une de ses amies traînant une valise à roulettes dans la gare de Paddington et s'inquiète, « Je croyais que les roulettes étaient d'un commun impardonnable », Mary la rassure : « C'était vrai l'année dernière, mais l'aspect pratique de la chose, compte tenu des bouchons sur les routes et de l'état des transports publics britanniques, a autorisé la levée de certaines barrières sociales. »

Plus loin, Mary suggère à une jeune fille de dix-neuf ans, qui ne sait comment tromper son ennui, de s'attaquer aux problèmes des poux dans les écoles primaires. « Les parents n'ont pas le temps de traiter leurs enfants, mais beaucoup d'entre eux ne verraient aucun inconvénient à offrir de 10 à 15 £ à la personne qui s'en chargerait. Posez des affichettes dans les écoles de votre quartier pour faire connaître l'existence d'une exterminatrice de poux à domicile, et vous verrez que vous serez vite débordée. »

Tant de délicatesse signale une terre de haute civilisation. Récemment, j'ai lu un communiqué de la police londonienne publié en prévision d'une manifestation : « Soyez patients. Portez des vêtements chauds. Apportez un en-cas. Pensez à vous munir d'une radio pour suivre l'évolution des événements. » Il est certes plus agréable de se faire matraquer avec quelque chose dans le ventre.

Tandis que je me déguise en perfide habitant d'Albion, Clélia, baladeur vissé sur la tête, achève sa formation intensive Beatles. La nuit est tombée et l'on aperçoit les néons de Portsmouth. Nous gagnons le restaurant. Un pianiste de bar joue *The More I see You*. Il enchaîne avec *Feelings*. Je lui glisse à l'oreille que Clélia est en route pour Liverpool. Le jeune homme a un sourire entendu et, alors que nous longeons la côte est de l'île de Wight, il nous offre une version toute en arpèges de *Yesterday*.

Le ferry a accosté. Les passagers anglais attendent le feu vert de l'équipage pour aller récupérer leurs véhicules. Des Français enjambent le cordon qui barre la coursive et dévalent l'escalier menant aux ponts inférieurs. Clélia les observe en hochant la tête. Elle me chuchote :

« Tu parles pas, ou alors en anglais. Je ne veux pas qu'on sache qu'on est français. »

Nous débarquons et prenons sagement la file de gauche, jusqu'à Fareham. À l'hôtel, Clélia vérifie que rien ne manque. Elle exige que je mette mon pantalon sur le *trouser press* et que je boive un thé pour s'assurer que la bouilloire fonctionne, avant de s'endormir devant la soirée Bafta [3] sur la BBC. Je reste éveillé dans le noir. J'ai ouvert la fenêtre à guillotine et j'écoute l'Angleterre.

Lundi 25 février

Aujourd'hui, George Harrison aurait eu cinquante-neuf ans.

Après quelques errements autour des ronds-points de Fareham, nous avons trouvé l'autoroute qui conduit vers « le Nord ». Notre plus précieux viatique est un sac de toile bleu marine. Il contient une dizaine de disques. Clélia la DJ règle la cérémonie.

« Tu regardes pas ce que je mets !

– D'accord. »

Je fixe la route, elle enfourne le CD et fait disparaître le boîtier dans le sac. Le premier accord de *A Hard Day's*

Night résonne dans la voiture. Clélia se renfonce dans son siège. La pluie a recommencé de tomber, il y a un bouchon de dix kilomètres jusqu'à la bretelle de Southampton. Nous échangeons un sourire. Ça fait du bien de se sentir chez soi.

Nous ne sommes plus qu'à six ou sept heures de route de Liverpool, à peine quatre cents kilomètres, mais une expédition. Une théorie de camions et de voitures se traîne sur l'autoroute sous un ciel sombre et une pluie tenace. Les Anglais semblent tous habiter Londres ou Birmingham et aller de l'une à l'autre à travers une campagne désolée. Les deux voies de gauche sont monopolisées par les camions. Reste une file où les voitures particulières se fraient un chemin à l'aveuglette dans le brouillard pulvérisé par les poids lourds. Heureusement, il n'y a rien à voir, sinon un horizon de brique rouge.

Clélia trouve ce paysage à son goût. Elle n'a pas demandé une seule fois si c'était encore loin. Tout lui réussit en Angleterre. Quand on roule à gauche, elle n'a pas mal au cœur. Les Britanniques lui semblent amicaux et, elle l'a affirmé plusieurs fois, elle veut s'installer ici quand elle sera plus grande. Liverpool, qu'elle ne connaît pas encore, lui paraît la ville la plus indiquée.

Clélia est un parfait copilote. Elle déchiffre les panneaux, me propose de l'eau, quelque chose à grignoter, bascule sur la radio toutes les heures pour me permettre d'écouter les infos. Sa joie et sa bonne humeur finiront par avoir raison des embouteillages et du mauvais temps. Entre Wolverhampton et Stoke-on-Trent, les camions ont disparu les uns après les autres, la pluie a cessé. Nous sommes sortis de l'interminable banlieue de Birmingham, de sa forêt de gazomètres, d'entrepôts et de cheminées. Le paysage s'arrondit, des collines douces à l'herbe tendre encerclent des étangs. Un panneau indique « L'pool 60 ».

Vers 15 h 30, nous atteignons la bifurcation vers la M62. Une étrange impatience s'est emparée de moi. J'ai l'impression d'aller vers quelqu'un dont je sais tout, mais que je n'ai jamais rencontré. C'est inquiétant, d'arriver. Je n'aime rien autant que le voyage, ce temps suspendu qui sépare du but. Pour retarder l'échéance, je me réfugie dans une station-service, un no man's land où, hormis les dizaines de *Liverpool AZ*, plus rien n'indique notre position.

Quand nous quittons la station, le ciel s'est dégagé et le soleil brille. La plaine s'est peuplée de faux villages et de zones industrielles. L'autoroute s'enfonce dans les premiers faubourgs de Liverpool, parmi des rangées de *semi-detached*, pavillons mitoyens sans chiens méchants, *bow-windows*, rideaux au crochet, jardinets soigneusement désordonnés. On se croirait à Twickenham ou Ealing mais, deux rues plus loin, on tombe sur un paysage de guerre: terrains vagues, vestiges de boutiques incendiées, édifices aux portes et aux fenêtres murées, décharges sauvages, voitures désossées. Ici, la brique est plus noire. On traverse ces *inner cities* portières verrouillées, le temps de rejoindre une mystérieuse frontière et de retrouver des rues animées, des boutiques pimpantes et des flâneurs paisibles.

L'hôtel Adelphi est, avec le Liver Building et la gare de Lime Street, un vestige de la prospérité impériale. Avant de battre le record du taux de chômage anglais, Liverpool était la deuxième ville du pays et son plus grand port. On y embarquait sur des *liners* en partance pour les Indes. Les riches Londoniens prenaient le train à Euston et débarquaient trois heures plus tard à Lime Street, accueillis par les cinquante-six porteurs de l'Adelphi. Il ne leur restait que quelques centaines de mètres à parcourir pour atteindre l'hôtel, où ils passaient la nuit avant le grand voyage. Le palace a compté parmi ses hôtes Charles Dickens et Bob Dylan, les Beatles et Roy Rogers, le « Roi des cow-boys », qui y fit une entrée triomphale monté sur Trigger, son cheval, en 1954.

L'édifice occupe un pâté de maisons à lui tout seul, tel un paquebot échoué. Il aurait suffi, disait-on, de le faire glisser sur une rampe jusqu'à la Mersey et il aurait fait route vers l'Amérique.

De sa gloire, l'Adelphi a conservé de longs corridors aux parois de marbre, d'innombrables salons, des lustres monumentaux, des lambris de chêne, des plafonds à caissons. Mais ce n'est plus un palace. Le client porte ses bagages, le service est réduit au minimum. On n'y croisera pas les Beckham : les célébrités lui préfèrent le Holyday Inn d'Albert Dock.

Pourtant, le charme est là, dès la porte à tambour franchie. Au sommet de quelques marches, on découvre le grand salon, vaste comme un stade. Il égalait, paraît-il, celui du *Titanic*, dont nombre de pièces furent fabriquées à Crosby, dans les faubourgs nord de Liverpool. Et les salons de la Sefton Suite sont la réplique du fumoir de la Première Classe du géant naufragé.

Pour gagner la chambre 117, nous empruntons un corridor si long que les fenêtres à son extrémité semblent des lucarnes. La pièce est de belle taille. Murs et plafonds ont été fraîchement repeints : des frises pastel bordent les plafonds, les cannelures des pilastres sont soulignées de vieil or. Deux lustres et des appliques chandeliers s'efforcent de maintenir un peu de royauté dans le décor. Le mobilier mêle quelques pièces nobles – un bar en laque de chine, une grande table victorienne au vernis rayé, flanquée de quatre chaises copies Louis XVI en mal de tapissier – à des meubles standards en pin teinté chêne foncé.

Les fenêtres donnent sur Lime Street. Sous les tentures rouge et blanc maintenues par des embrasses de laiton, le voile de nylon est devenu gris. L'Adelphi a la splendeur fanée du Bristol de Saint-Honoré-les-Bains.

Dehors, près d'un dais bleu, quelques taxis attendent. Des vagues de piétons remontent Ranelagh Street. Il est 17 h 15, la nuit commence à tomber. Clélia ne peut plus attendre. Elle veut aller à Mathew Street : elle espère que la Beatles Shop est encore ouverte.

Nous partons, main dans la main. Dans Church Street et Lord Street, les grandes artères piétonnières qui filent plein ouest vers Albert Dock, tous les commerces sont déjà fermés. Des employés de bureau foncent nez baissé vers la gare centrale. Je scrute mon *Liverpool AZ* à la lumière d'un réverbère. Nous bifurquons dans Dorans Lane, une venelle obscure. Les rares personnes que nous croisons là hâtent le pas.

Mathew Street est à peine plus large et guère mieux éclairée. On distingue mal les multiples reliquaires disposés de part et d'autre de la ruelle. Ici non plus, pas âme qui vive, sinon un *homeless*, immobile au milieu de la rue. À l'angle de Temple Court, un calicot « Mathew Street, Birthplace of the Beatles » claque dans le vent. La Beatles Shop est fermée depuis une demi-heure. Clélia s'efforce d'apercevoir, par la vitrine éclairée, les trésors qui seront siens le lendemain.

Le vent de mer nous a transis et nous cherchons un pub ou un bar qui accueille les moins de quatorze ans. Je plaide la cause de Clélia, qui a traversé la Manche et l'Angleterre pour venir ici et rêve d'une simple limonade. La patronne d'un bar voisin de la Cavern accepte de fermer les yeux.

Après le pavé humide et l'air glacial, le Lennons Bar a tout pour ajouter la touche finale de mélancolie. Il y a bien des lithos de John accrochées aux murs, qui donnent une saveur particulière à la limonade de Clélia, mais le fût de

Guinness est vide, la barmaid morose, les rares clients ont des têtes de vieux *roads*.

Il faut que je me mette dans le même état d'esprit que Clélia : Liverpool est un endroit formidable. Il suffit pour ça d'un peu d'imagination et de quelque chose qui s'apparente à la foi. Alors, l'ombre de Mathew Street révèle ses secrets. Statue de John ; briques gravées aux noms de tous les groupes qui ont joué à la Cavern ; la Cavern, justement – tout du moins la copie, l'original ayant été détruit –, d'où montent les échos d'une répétition. Et encore quelques sculptures, des disques d'or, le parcours du *Beatlemaniac*...

De retour à l'Adelphi, Clélia s'installe face au téléviseur. En quelques zaps, elle a trouvé un film à son goût, une histoire de collégiens. Une tendre relation est née entre un jeune homme habillé comme le prince William et coiffé comme Willy DeVille et une jeune fille de couleur. Clélia, bien qu'elle ne comprenne pas les dialogues, ne perd rien de l'action et m'en explique les rebondissements.

Le passage le plus savoureux est une épreuve de poésie. La demoiselle récite, comme du Milton, un texte qui me semble familier. Quand elle martèle le vers « A-wop-bop-a-loo-lop a-lop-bam-boo », je réalise, en même temps que son professeur effaré, que son poème n'est autre que *Tutti Frutti*. (Je ne garantis pas la graphie de ce vers capital. On trouve aussi « A bop bop aloom op a lop bop boom ». Lorsque Johnny Hallyday fit la reprise française, il chantait « Wa babalooba ba la bamboo », mais j'entendais « Wam-bam-beloum-bam-balam-bing-bong ».)

Le film terminé, Clélia enfile un pyjama et se couche sans que j'aie à le lui demander. J'ai éteint la lumière, mais impossible de dormir. Le premier contact avec Liverpool m'a laissé une impression trouble. Le vent, qui a redoublé, siffle sous les portes. Je vais à la fenêtre. Le dais bleu déchiré, à l'entrée de l'hôtel, gifle la façade. La pluie s'écrase par paquets sur la vitre, violente comme un déluge de cinéma. Pas une voiture, pas un piéton. Un unique taxi noir, lanternes allumées, attend près du dais. La tour de Radio City flotte dans la nuit tel un vaisseau spatial.

Clélia ne se doute pas que cette histoire, qui pour elle ne fait que commencer, me plonge un peu plus chaque jour dans un passé que j'avais oublié. 1962. Ils avaient une vingtaine d'années, j'étais un adolescent. Deux d'entre eux sont morts et je suis un monsieur aux cheveux grisonnants. Je n'avais jamais mis les pieds dans cette ville, et me voilà envahi par un sentiment de déjà-vu.

Drôle de voyage : je croyais amener ma fille, c'est elle qui m'a pris par la main. Je sens à Liverpool les mêmes fantômes qui hantent Old Brompton Road, à Londres, quand je renifle les vestiges du temps où l'on m'appelait « Jack The Tripper » et où Mary Crooker m'attendait au Troubadour.

Chapitre 2

Le mythe de la Cavern

Mardi 26 février

Jaune, blanc, rouge sont les trois couleurs de Liverpool. Aux abords de Lime Street, près de l'Empire Theatre, tout est colonnes, pilastres, chapiteaux, frontons chargés de bas-reliefs, un décor de péplum taillé dans une pierre ocre que le temps a noircie. De l'Adelphi aux quais, le calcaire de Portland immaculé et le granit gris perle alternent avec la brique, tantôt ocre rouge, tantôt terre de Sienne.

Le vent, qui a soufflé toute la nuit, a décapé le ciel et transfiguré la ville. Dans Church Street, le soleil d'hiver nacre les façades pâles des immeubles 1900. C'est une rue piétonne comme une autre, alignant grands magasins, boutiques et marchands ambulants. Nous sommes au centre de Liverpool, au cœur d'un triangle délimité par Lime Street, le Royal Liver Building et Albert Dock. Selon les guides, rien n'y est à plus de dix minutes de marche. Au-delà, on bute sur le fleuve, la banlieue ou la zone.

Clélia va bon train, me force à hâter le pas, jette à peine un regard à la vitrine de Gap à l'angle de Whitechapel. Nous empruntons le même chemin que la veille, vers le quartier de la Cavern. De jour, ce quadrillage de ruelles au pavage inégal, bordées d'anciens entrepôts en brique, n'a plus rien d'un coupe-gorge.

Au numéro 31 de Mathew Street, la Beatles Shop est – enfin ! – ouverte. Son enseigne est surmontée de quatre silhouette chétives, une sculpture ratée, comme toutes celles qui parsèment le quartier. La pire se dresse au milieu du Cavern Walks, un petit centre commercial : difficile d'y voir autre chose que quatre corps calcinés arrachés à la lave de Pompéi. John Doubleday, l'auteur du forfait, a récidivé à cinquante mètres de là avec un Lennon nanifié, appuyé au mur du pub Lucy In The Sky With Diamonds. Avantage, Clélia n'a pas à se hausser pour déposer un baiser sur la joue de bronze.

Devant l'entrée de la boutique en sous-sol, elle prend une profonde inspiration avant la descente des marches. Nous atterrissons dans un bric-à-brac exigu, mal éclairé, au plafond tendu de T-shirts. Devant le juke-box, l'effigie des Beatles qui ornait la moquette a été effacée par les pas des visiteurs. L'endroit ressemble aux Grottes, un club de Luxembourg où j'allais écouter du rock régional à la fin des années 1960. Mais Clélia n'est pas sensible au manque de standing : cette caverne-là cache une mine d'or.

« Je sais pas par où commencer.

– Tu voulais un poster…

– Oui, mais, t'as vu les T-shirts ?

– Eh bien, commence par les T-shirts…

– Oui, mais… Regarde ! »

Elle brandit un anneau à l'intérieur duquel sont gravés les mots « From Me To You ».

« Il te plaît ?

– Oui… enfin, je sais pas…

– Il suffit de décider. C'est facile…

– Pour toi… Mais si tu étais une petite fille… »

Si j'étais une petite fille, je verrais la caverne d'Ali Baba, pas un réduit garni de cartons poussiéreux. J'oublierais l'Epiphone Casino *vintage* à 3 500 £ et le rayon « collector's » aux bacs bourrés de vieux vinyles, pour m'intéresser aux stylos Beatles, aux taille-crayons Beatles, aux gommes Beatles, aux peignes Beatles. Tout me serait précieux. Je trouverais avenants le patron bedonnant, coiffé comme un footballeur allemand, et son commis, un sosie de Liam Gallagher, qui s'efforce de ne comprendre aucune de mes questions.

Si j'étais une petite fille, je poserais, près de la porte, un écriteau « Entrée réservée aux fans » et je me souviendrais qu'en 1963 on s'introduisait chez John, Menlove Avenue, pour arracher des morceaux d'écorce aux arbres de son jardin. Que McCartney retrouvait sa voiture régulièrement dépouillée de tout ce qui était démontable, antenne, poignées de portes, rétroviseurs. Autant de larcins sans malice, commis par des enfants qui donnaient plus qu'ils ne prenaient : chaque jour, le groupe recevait de pleins sacs de bonbons (avec une préférence pour les bébés gélifiés) et d'ours en peluche renfermant des boîtes à musique. Le jour de son vingt et unième anniversaire, George vit arriver une camionnette chargée de cinquante-deux sacs postaux, contenant quinze mille cartes postales et quatre colis de cadeaux : guitares miniatures, cravates, stylos, chemises, nounours et même un gâteau géant.

Je me fais tout petit et j'aperçois enfin les trésors : casquette de John, briquet Yellow Submarine, porte-clefs Sergeant Pepper, magnet Penny Lane, mug Paul, Filofax « Remember the Beatles », baguettes Ringo, mug George...

Parmi ces bibelots, pour la plupart récents, quelques bidules millésimés attendent l'amateur fortuné. Un ticket de cinéma pour la séance du mercredi 1er septembre 1965 de *Help!* garanti « jamais utilisé » est vendu 50 £. Une brosse à cheveux Beatles 1964 « dans son emballage d'origine », vaut 100 £.

Dès 1963, d'astucieux commerçants s'étaient lancés dans le commerce de vraies fausses reliques. La boutique Darrell Mills de Salford, Lancashire, vendait, avec facilités de paiement, une veste Beatles en « coton noir imperméable, doublure rouge, boutonnée jusqu'au cou, deux poches passepoilées ». Pour les budgets modestes, le « Beatle Kit », des figurines à peindre et assembler, permettait de « fabriquer soi-même ses Beatles ». À Londres, Regis Shoes Ltd avait créé les « Ringo's », des boots noires à soufflet et talons de six centimètres. On avait même pensé à ceux dont les parents interdisaient toute fantaisie pileuse : ils pouvaient commander, chez Paul White, à Manchester, de fausses rouflaquettes et de fausses moustaches, garanties « en vrai poil et presque indétectables ».

Clélia a rassemblé ses emplettes et se dirige vers la caisse. Le clone de Liam Gallagher les a glissées dans un sac plastique Beatles Shop, et nous avons marché, vent debout, vers la Mersey.

Le temps des transatlantiques est révolu, le trafic est rare sur le fleuve, couvert de moutons et limoneux comme la Gironde à Cordouan. Les quais de Liverpool racontent l'histoire d'une ville née de la mer, mais qui n'en vit plus. Pour les voir dans leur majesté, il faut arriver de Birkenhead par le ferry qui traverse l'estuaire et accoste près des « Trois Grâces » – le Cunard Building, le Port of Liverpool Building et le Royal Liver Building. Au sommet des deux tours de ce dernier, les *Liver Birds*, deux cormorans géants aux ailes déployées, veillent sur la ville. La légende dit que le jour où ils s'envoleront, elle cessera d'exister.

Courbés en deux pour vaincre le vent d'ouest, nous avons rejoint, par les écluses, Beatles Story, le musée des

Fab Four, installé au cœur d'Albert Dock[4]. Bassins limpides, navires ancrés là pour toujours, cuivres astiqués, brique impeccable, hôtels inabordables et cafés à la mode. Les dockers ont fait place aux bourgeois bohèmes, à moins d'un quart d'heure des cités dévastées par trente ans de crise.

Albert Dock est l'incarnation de la muséographie contemporaine : figer l'histoire à grand renfort d'effets spéciaux plutôt que la raconter. Dans le hall du musée, sobre et high-tech, on vend du Beatle comme du Van Gogh dans les boutiques du Louvre. Rien à voir avec le bazar humide de Mathew Street. Tout est vitrifié, naturalisé, gadget chic, prix élevé. Une fois de plus, Clélia est la benjamine.

Dans la première salle, nous nous retrouvons en plein Blitz sous les bombes allemandes. Je me penche vers Clélia pour traduire les commentaires audio en anglais.

« Tais-toi !

– Mais...

– Tais-toi ! Il ne faut pas qu'*ils* sachent qu'on n'est pas anglais.

– Mais tu ne vas pas comprendre...

– Ça fait rien. De toute façon, je connais déjà l'histoire. »

Nous fuyons les bombardements, faisons une rapide escale à Hambourg sur le Reeperbahn, traversons les bureaux du *Mersey Beat*, atteignons une ruelle sombre : Mathew Street en 1960. Quand Liverpool n'était que la ville natale de Billy Fury, Frankie Vaughan et Ken Dod. Quand le quartier ne comptait que des entrepôts. Quand The Grapes était un pub malfamé à l'enseigne surmontée d'une lanterne rouge.

En face du Grapes, une porte, quelques marches et un étroit couloir. C'est l'entrée de la Cavern, une cave voûtée où l'on ne peut entasser plus de trois cents personnes. Avec sa pénombre, ses rangées de chaises de bois et les chuchotements des visiteurs, elle a des allures de chapelle. Derrière la scène, où trône un set de batterie Ludwig, on a tendu un écran. Quatre ombres s'y agitent. Les haut-parleurs diffusent une musique brouillonne, entre rhythm'n' blues et doo wop, les premiers enregistrements des Beatles[5]. Nous avons fait un bond dans le temps. Ils n'ont pas vingt ans, prennent des poses, jouent un peu faux. Clélia écoute pieusement, j'ai les larmes aux yeux.

Le rêve ne dure que quelques minutes. La machine a rembobiné images et son pour la vague de visiteurs suivants. Nous poursuivons la visite, entre musée de cire et Disneyland rock'n'roll. Les studios d'Abbey Road en 1965, la carlingue d'un avion qui survole New York lors de la première tournée américaine, quatre vestons gris, sans col, dessinés par Cardin pour *A Hard Day's Night*... L'histoire s'achève dans la pièce immaculée d'*Imagine* avec une paire de lunettes rondes posée sur un piano blanc.

Dehors, le vent d'ouest n'a pas faibli et nous pousse vers la carcasse du sous-marin jaune échoué en face d'Albert Dock. Autour de nous, les hommes sont en T-shirts, les jeunes femmes se promènent vêtues de débardeurs qui dégagent leur nombril. Je regarde Clélia avancer vaillamment, les joues roses, un sourire aux lèvres.

« Alors, ça t'a plu ?

– Beaucoup. J'aime bien l'avion... Et la Cavern.

– Ah, toi aussi...

– Oui, elle est très bien faite. Les sandwichs, on les mangerait...

– Tu devrais fermer ton ciré.

– J'ai pas froid.

– Tu es une vraie petite Anglaise. Tu te souviens de la tenue d'écolière qu'on avait achetée chez Marks & Spencers, à Londres ?

– Oh oui. C'était trop bien.

– Tu aimerais aller à l'école ici ?

– Oui, si maman et mon frère habitaient ici aussi. Tu crois qu'on me prendrait pour une Anglaise ?

– Avec un uniforme, sûrement.

– Tu sais, c'est drôle… Quand je suis en Angleterre, j'ai l'impression de connaître. C'est comme si j'y étais née, et que j'étais partie à deux ans. »

Un silence.

« Et si j'étais née en Angleterre, ce serait à Liverpool. »

Chapitre 3

Du côté de chez George

A terraced house in a mean street back of town.
No Milk Today, HERMAN'S HERMITS

Mardi 26 février. L'après-midi

Ce matin, j'ai repéré, devant l'hôtel, un taxi dont le chauffeur, un jeune homme blond d'une trentaine d'années, a une bonne tête. Je lui ai demandé son tarif pour nous amener visiter les maisons natales des Fab Four. Il m'a proposé un prix trois fois inférieur à celui du très officiel *Magical Mystery Tour*, et j'ai pris rendez-vous avec lui à treize heures.

Nous avons grignoté un *fish and chips* version orientale – morue panée et sauce piquante – et sommes remontés vers l'Adelphi où notre chauffeur d'un jour nous attendait. Clélia était enchantée à l'idée de passer deux heures dans un taxi anglais.

Le ciel, qui s'était assombri vers midi, se dégage. Le temps de dépasser la haute silhouette de la cathédrale anglicane, nous sommes dans une autre ville. À la lisière de Toxteth, Dingle, une enfilade de *terraced houses.* Cités aux allures de corons, rues qui se croisent à angle droit, maisonnettes toutes bâties sur le même plan. *Two up two down*, deux pièces au rez-de-chaussée, deux à l'unique étage.

Des *blocks* entiers ont été démolis, laissant la place à des terrains vagues. La misère a recréé à Dingle le décor du début des années 1940, quand le petit Ringo jouait, entre deux bombardements, dans « de grands espaces vides, là où il y avait eu des maisons ». Les voitures sont rares, des enfants insouciants s'amusent au milieu de la rue. La plupart des commerces ont fermé leur porte, à l'exception d'une épicerie arabe à l'angle de High Park Road et de Kimmel Street.

Le taxi se gare en face de The Empress, le pub de la pochette de *Sentimental Journey*[6]. Le chauffeur consulte son plan de Liverpool et les prospectus touristiques dont il s'est muni. Il connaît mal les Beatles. Il sait aller à Penny Lane, mais c'est la première fois qu'il cherche l'adresse de Ringo. Lui penche pour Admiral Grove, je maintiens que c'est Madryn Street, à cent mètres de là. Notre discussion – en anglais – agace Clélia.

« On est où ?

– Normalement, près de chez Ringo.

– Je croyais que tu étais sûr !

– Moi, j'ai noté Madryn Street. Mais le chauffeur pense que c'est Admiral Grove...

– Et on est où, là ?

– Entre les deux... »

Nous descendons du taxi et marchons vers Madryn Street. Clélia jette un coup d'œil circulaire. Pas âme qui vive, pas même un chat à une fenêtre. Hormis le motif des rideaux et le guichet de la porte d'entrée, rien ne différencie le numéro 9, où Ringo est né le 7 juillet 1940, des maisons voisines. La rue a la coquetterie sage des petites gens : portes dans des tons rougeâtres, voilages brodés aux impostes, boîtes aux lettres passées au Miror. Si je poussais la porte, je serais accueilli par le parfum des humbles, un mélange de cire, de flambée de coke, de linge repassé et de super nettoyant fraîcheur citron.

Clélia prend une photo et rejoint le taxi. Le chauffeur est toujours plongé dans ses dépliants Beatles. Il redémarre, longe lentement un bâtiment et une cour entourés de hauts grillages.

« C'est l'école de Ringo, nous dit-il, ravi de montrer qu'il peut aussi faire le guide. Enfin, elle n'était pas comme ça en 1946, ils ont fait des travaux, mais... c'était là. »

Il a laissé la vitre de séparation ouverte et me pose question sur question. Qui sommes-nous ? D'où venons-nous ? C'est un chauffeur métaphysique. Clélia, exclue de notre conversation, distingue des bribes la concernant.

« J'ai pas onze ans, j'ai dix ans, proteste-t-elle.

– À trois mois près...

– Trois mois, c'est beaucoup. Et même si c'était trois jours, j'aurais pas onze ans. »

Elle se rencogne dans la banquette et se tait. Autour de nous, Liverpool change à vue. Les cités ont laissé place à une large avenue bordée de villas bourgeoises. Nous longeons Sefton Park, son gazon parfait et ses boulingrins, le jardin préféré des Liverpudlians, celui où George aimait aller rêver dans la palmeraie 1900.

Le taxi s'engage dans une rue étroite et se gare sur un pont surplombant une voie ferrée. Le chauffeur se tourne vers nous et indique les mots *Penny Lane* peints à même la brique en lettres noires sur un cartouche blanc. L'inscription remplace une plaque que des fans fétichistes s'acharnaient à dérober.

L'histoire de Penny Lane commence plus loin, à l'intersection de Church Road et de Smithdown Road, autour du rond-point. Le chauffeur s'arrête devant le salon de coiffure Tony Slavin qui occupe l'ex-*barber shop*. Clélia se déride et m'emprunte l'appareil photo : ici, les traces sont plus tangibles. Une photographie des Quatre trône dans la vitrine du coiffeur. Il reste une vraie plaque de rue qui n'a pas été volée. L'abri de bus au milieu du rond-point (« *the shelter in the middle of a roundabout* ») a disparu, mais pour laisser place à un restaurant, le Sergeant Pepper's Bistro, où tous les plats portent le nom d'une chanson des Beatles.

Nous venons de pénétrer sur un territoire magique, autour de Saint Barnabas. Paul n'avait pas encore fait la connaissance de George. Il ignorait l'existence de Ringo, qui tapait sur des boîtes en fer-blanc à deux kilomètres de là. S'il n'était pas allé au concert des Quarrymen à la fête de Saint Peter's Church, le 6 juillet 1957, il n'aurait pas rencontré John et le restaurant du rond-point s'appellerait le Penny Lane Bistro.

Smithdown Road débouche dans Menlove Avenue, la rue de John, mais après quelques centaines de mètres notre taxi bifurque sur la gauche. Il emprunte une route étroite bordée de jardins, s'arrête devant une villa, en face d'une grille de fer forgée peinte en rouge carmin où sont accrochées des fleurs fanées, déposées là en mémoire de George. Sur les piliers, couverts de graffitis, on peut lire « Strawberry Field ». C'est tout ce qu'il reste de l'ancien refuge de l'Armée du Salut, démoli et remplacé par un bâtiment moderne en 1960.

Le chauffeur attend, assis sur le capot du taxi. Nous avons moins d'une heure pour boucler le tour. J'arrache Clélia à sa prière pour le repos de George, et nous redescendons Beaconsfield Road en direction de Menlove Avenue. Au numéro 251, *Mendips*, la villa de tante Mimi arbore une plaque commémorative sur sa façade. En

Grande-Bretagne, il faut être mort depuis au moins vingt ans pour prétendre à cet honneur[7].

Avec sa haie soigneusement taillée, ses vitraux Art nouveau, sa grille en fer forgée, *Mendips* ne se différencie guère des maisons alentour. Dans ce quartier résidentiel peuplé d'avocats et de médecins, Lennon le rebelle a vécu une enfance de petit-bourgeois.

Chez tante Mimi, il n'a manqué de rien. Mais s'est toujours senti orphelin. Il se rêvait enfant de l'amour et n'a jamais admis d'avoir été conçu entre deux whiskies, un samedi soir. Ne pas avoir été désiré lui a donné le goût du malheur. « La seule raison pour laquelle je suis une star, c'est ma frustration », disait-il.

Les rares visites de sa mère ne faisaient que rouvrir sa blessure. Il allait cacher sa mélancolie dans le parc de l'orphelinat de Strawberry Field, auprès de ceux qu'il considérait comme ses frères.

Avec le rock'n'roll, la douleur devint supportable. Il pouvait à la fois crier « Au secours ! » et tenir les autres à distance, au-delà de la scène, au-delà du mur électrique.

George et Ringo sont les vrais *working class heroes* des Beatles. Le petit Harrison, en voyou bien élevé et silencieux, soignait sa banane, bombait le torse, portait du cuir. Il faut convaincre les autres qu'on sait se défendre. Devenu grand, il tenta de dissimuler sa réserve sous une constante ironie. Des quatre, il fut celui qui prit tout de suite la célébrité en grippe. Il n'avait que des projets de musicien, ou de jardinier, et ne visait que le long terme – l'éternité. Il a passé une grande partie de sa vie en lotus à débiter de jolis mantras.

Ringo n'a rien changé : dans sa maison du côté de Malibu, il a conservé son accent de Dingle. Il est toujours un peu endimanché, comme en 1959, quand il incarnait le vrai chic baloche. Il n'a bossé en usine que quelques années, mais en a gardé la fierté du mec à la coule, celui qui s'en sort tout seul et qui a une voiture à dix-huit ans. En 1963, il songeait à ranger ses économies dans une chaîne de coiffeurs pour dames. Et lorsque, deux ans plus tard, il s'est lancé, brièvement, dans les affaires, il était associé à une entreprise de bâtiment.

À quelques *blocks* de là, à Forthlin Road, dans la maison de McCartney, classée « monument historique », le National Trust s'est efforcé de reconstituer l'atmosphère dans laquelle Paul et ses camarades vivaient au milieu des années 1950 [8]. Pour ce quartier pavillonnaire, qui faisait partie d'un projet pionnier de lutte contre la taudisation des cités, les architectes avaient exigé des matériaux nobles. Poignées en ébène aux portes, et toilettes à l'intérieur, luxe incroyable pour l'époque.

L'accès à la maisonnette de brique d'un étage, qui a « conservé » ses fenêtres à guillotine à petits carreaux, est barré par une chaîne noire. Seuls les participants aux visites organisées – tel le *Magical Mystery Tour*, qui propose un parcours de *Beatleland* dans un bus psychédélique, copie conforme de celui du film – sont autorisés à y pénétrer et à découvrir le living-room modèle 1953, la chambre de Paul et le salon où, avec John, il composa *Love Me Do* et *I Saw Her Standing There.*

Paul a toujours refusé de visiter cette reconstitution de son enfance, où il est enterré vivant. Une maison, ce n'est pas un décor, mais des souvenirs : pour les voir, il suffit de fermer les yeux.

Nous avons rebroussé chemin et pris la direction du 12 Arnold Grove, où est né George Harrison. Dans la petite impasse, sous la plaque de rue, la curieuse mention « Unadopted » : l'entretien des lieux n'est pas assuré par la commune. Comme le quartier de Ringo, cette partie de

Wavertree – pourtant une des *inner cities* les plus dures de Liverpool – a gardé quelque chose des cités ouvrières d'avant la crise. Façades soigneusement repeintes, bacs à fleurs aux fenêtres.

Un enfant nous a repérés et tourne autour de nous en chantonnant « *number twelve, number twelve, number twelve* ». Je reste planté devant le numéro 12 qui, bien plus que la maison de Ringo, ressemble à l'endroit où je suis né. Sa photo faite, Clélia repart vers le taxi.

« C'est bon. On peut y aller. Qu'est-ce que tu attends ?

– Rien. C'est juste que ça me fait penser à Longwy.

– Ah bon ? Tu trouves ?

– Oui.

– D'abord, ta maison, elle n'était pas en brique.

– C'est vrai…

– … et puis il y avait un petit escalier…

– … bien sûr, mais…

– … et elle n'est pas aussi petite.

– Oui et non. Je veux juste dire que cette cité ressemble à celle où je suis né, parce que toutes les maisons sont les mêmes, qu'elles sont collées les unes aux autres, qu'il y a un jardin derrière…

– Moi, je trouve pas trop… »

Deux ans auparavant, j'ai emmené Clélia à Longwy. Je voulais lui montrer *ma* maison, l'école primaire où, en CE2, Madame Da Silva me tirait les cheveux, l'église où j'avais fait ma communion. Nous nous étions arrêtés longuement devant *ma* porte, dans la cité où j'avais passé près de vingt ans de ma vie. Clélia avait insisté pour que je sonne. La locataire des lieux, sensible à sa curiosité, nous avait invités à entrer.

Je fus soulagé que la maison ne soit plus celle que j'avais quittée plus de trente ans auparavant. La cuisine, privée de sa cuisinière et encombrée de meubles inconnus, me parut minuscule. Comment avais-je pu y faire du patin à roulettes, alors qu'elle ne dépassait pas les quinze mètres carrés ?

Dans la cour, des hommes bavardaient. Ce n'était plus mon jardin. Le lilas, le poirier, le pommier et le groseillier à maquereau avaient été arrachés, on avait réparé le mur, démonté les tôles que mon père avait dressées pour nous protéger des voisins. Je cherchai en vain le banc de bois et la petite table ronde où nous buvions des panachés l'été.

Après quelques échanges de politesse et de souvenirs, nous étions repartis. Je voulais retrouver le goût du chemin des jardins, mais j'avais trop grandi. Le haut mur dont j'atteignais à peine le faîte m'arrivait à mi-poitrine, je pouvais voir les arrière-cours sans me hisser sur la pointe des pieds. C'était une soirée d'été comme une autre, les hommes, en bleu de travail, chemise à carreaux aux manches retroussées, un béret sur la tête, s'affairaient dans les potagers, se relevant parfois pour souffler, appuyés sur le manche d'un râteau. Des noms de voisins me revenaient en mémoire, mais je ne vis que des visages inconnus.

« Et puis, il y avait des volets, s'obstine Clélia.
– Tu sais, j'y ai quand même vécu longtemps.
– Peut-être, mais, bon… On y va ? »

Le *Beatle Tour* se termine. Nous prenons la direction du centre-ville. Le chauffeur me confie, un peu gêné, que son groupe préféré est Clash. Soulagé que je ne lui en veuille pas, il se met à nous parler du Liverpool qu'il aime et nous propose, sans supplément, quelques détours à son goût. Le portique bariolé de Chinatown, les deux cathédrales. L'anglicane, gigantesque construction néo-gothique du début du XXe siècle, qui est, nous assure-t-il, la plus grande église d'Angleterre. La catholique, un tronc de cône en béton de la fin des années 1960, presque aussi laide que la maison de la culture du Havre, surnommée « Paddy's wigwam ».

Quand le taxi nous dépose devant l'Adelphi, j'ai le sentiment d'avoir rêvé et ne songe qu'à retourner à Dingle, à Penny Lane et à Wavertree. Je veux revoir Arnold Grove, son silence vermillon, l'enfant qui compte jusqu'à douze et joue seul dans la rue sans voitures, comme j'ai joué rue Oscar quand j'avais douze ans.

Chapitre 4

Une adolescence au temps du Général

La rue Oscar d'Adelsward[9] – rebaptisée rue Oscar, habitude confirmée par les PTT, qui acheminaient le courrier ainsi libellé – était une cité-jardin, un alignement de maisonnettes d'un étage rompu tous les dix numéros par une ruelle coupe-feu. Avec sa dizaine de cités, Gouraincourt, mon quartier, à mi-chemin entre Longwy-Bas et Longwy-Haut, ressemblait au décor de *Qu'elle était verte ma vallée.* Mais, à la différence des *terraced houses* du pays de Galles, du Yorkshire ou de Liverpool, qui étaient des maisons de rapport, les cités appartenaient à *l'Usine*[10] et aucune spéculation n'y était possible. Mes parents n'ont jamais payé de loyer.

L'Usine assurait l'entretien des cités. Volets et portes étaient peints de couleurs différentes, qui permettaient de s'orienter à vue selon les rues. Comme le Centre d'apprentissage, l'Hôtel-Dieu, ou pratiquement tout ce qui se dressait à Longwy et dans la vallée de la Chiers, les cités avaient été érigées par la grâce du paternalisme de la fin du XIXe siècle. À Réhon, l'usine s'appelait La Providence. Sur les vitraux du chœur de l'église de Gouraincourt, des ouvriers nimbés d'étincelles crachées par un Bessemer avaient remplacé la Visitation.

J'habitais, au numéro 19, un « two up two down », comme George Harrison. Deux chambres à l'étage, deux pièces au rez-de-chaussée : une cuisine et une salle à manger où l'on ne mangeait pas, sauf à l'occasion des fêtes, et à condition de chausser des patins. C'était la fierté de mes parents. Ils en ouvraient parfois la porte pour la montrer à des visiteurs. J'ai longtemps cru que les mots « salle à manger » désignaient la plus belle pièce de la maison.

Les deux chambres servaient uniquement à dormir. Je franchissais rarement le seuil de celle de mes parents, parfois pour un furtif baiser de bonne nuit à ma mère. La seconde fut coupée en deux par une cloison de contreplaqué lorsque ma sœur atteignit l'adolescence. Quelques années plus tard, après son départ, je fus autorisé à y « vivre ». J'y emportai mes disques, ma guitare et rangeai *L'Amant de Lady Chatterley* sous le matelas.

Chez les ouvriers et les « petits employés » – comme mon père –, la vie se cantonnait dans la cuisine, seule pièce chauffée, par une cuisinière. Elle s'éteignait toutes les nuits. Mon père la rallumait chaque matin avec une brassée de petit bois et quelques pelletées de charbon, tirées du seau que nous allions remplir régulièrement à la cave. Fournis à prix réduit par *l'Usine*, le coke et les boulets étaient livrés par le camion de Monsieur Pétat, le charbonnier, qui déchargeait sa benne sur le trottoir. Armé d'une pelle, j'enfournais le charbon par le soupirail, puis lavais le trottoir à grande eau pour en ôter la suie.

En 1962, à la demande de mon père, la bienveillante *Usine* nous installa une salle de bains. C'était une des premières de la rue. Certains voisins y virent une claire intention de les snober. Elle simplifia pourtant les ablutions du dimanche matin, jusque-là limitées à une immersion partielle dans la bassine de zinc ovale emplie d'une eau laiteuse qui devait « faire deux bains ».

Malgré ce progrès domestique fondamental, les toilettes restèrent dans la cour. Le vidangeur venait les vider une fois l'an et sa visite, mélange de puanteur et de Crésyl, ne passait pas inaperçue. À côté, dans la buanderie, ma mère a utilisé le lavoir jusqu'à la fin des années 1950, avant de posséder sa première machine à laver.

Chaque maison avait son jardin, séparé de celui du voisin par des piquets de châtaignier. Certains y élevaient volailles et lapins, mais c'étaient avant tout des potagers, dont la production venait alléger les dépenses courantes.

Cernés par les cités, les cadres supérieurs étaient regroupés rue Saint-Jules – la « rue des ingénieurs » –, dans des maisons plus grandes, individuelles ou mitoyennes, entourées d'un jardin d'agrément protégé par des grilles. J'ignorais ce qui se passait chez les ingénieurs ; j'avais remarqué qu'ils ne s'habillaient pas comme nous, qu'ils possédaient une voiture et que leurs femmes, parfois, ressemblaient à des actrices de cinéma. Je ne faisais aucun lien entre leur situation et l'argent. J'y voyais une espèce singulière, à laquelle je n'appartiendrais jamais.

J'ai pénétré pour la première fois chez des bourgeois après mon entrée en sixième. Au collège, j'étais camarade du fils du directeur de *l'Usine*. Il habitait le « château », une villa 1900 chargée de balustres, entourée d'un parc avec dépendances et court de tennis. Devant le perron, un chauffeur en livrée anthracite attendait au volant d'une DS 19 noire.

Du « château », je ne connaissais que les chambres des enfants, et la mansarde où, sur une vieille table de ping-pong, un train électrique Märklin serpentait dans un paysage de carton-pâte. Les barrières des passages à niveau se levaient et les signaux changeaient de couleur.

Je n'avais pas grand-chose à offrir en échange, mais le fils du directeur était ravi de m'emprunter *Spirou.* Il me raconta, amusé, comment sa grand-mère, une douairière étranglée par ses cols de dentelle, était tombée sur un exemplaire et lui avait reproché de lire des « insanités ». Les bourgeois, c'était comme le *Reader's Digest*: utile pour enrichir son vocabulaire.

Quand je redescendais l'escalier monumental du « château », j'apercevais des pièces immenses, emplies de mobilier et de bibelots d'apparence précieuse, des parquets cirés recouverts de tapis, des murs chargés de gravures et de portraits. Chez moi, il y avait du lino et un seul tableau, œuvre de Madame Jacquemin, la femme d'un collègue de bureau de mon père. Il représentait des cygnes blancs immobiles au milieu d'un étang bleu ciel, à l'ombre de saules pleureurs. Le tableau était accroché au-dessus de la fausse cheminée où, à Noël, mon père installait un appareil dont il avait trouvé les plans dans *Système D*: une boîte de conserve contenant une ampoule peinte en rouge, au couvercle découpé en ailettes et monté sur un axe. Sous l'effet de la chaleur dégagée par l'ampoule, le couvercle tournait et le reflet rouge haché par les ailettes donnait l'illusion d'une flambée.

Mon territoire ne s'étendait guère: de la rue à l'école, avec, parfois, une incursion chez les commerçants du quartier ou chez le coiffeur. Les soirs d'été, j'accompagnais mon père à *La Bannie,* un ensemble de jardins ouvriers où il possédait une parcelle. Il fallait marcher un bon quart d'heure. Nous enjambions le mur de clôture, longions le Centre d'apprentissage – je montais sur le muret – avant d'entrer dans le bois, près du crassier. Le chemin descendait vers un ruisseau infesté de sangsues qu'il fallait traverser prudemment. *La Bannie* était au pied d'une côte.

Des moutons paissaient là, attachés à de longues cordes. Ils ne se laissaient pas approcher. C'était mon safari.

Personne n'avait le projet de voyager. Quand les premières voitures apparurent dans la cité, vers la fin des années 1950, elles déclenchèrent des attroupements. Chacun se tenait à distance. Parfois, un homme s'avançait, effleurait la carrosserie, hochait la tête. Satisfait, le propriétaire la remettait dans le garage, qu'elle ne quitterait qu'aux grandes occasions.

Deux ou trois fois par an, à la rentrée des classes ou pour les fêtes de fin d'année, nous « descendions » à Longwy-Bas. Nous prenions le bus, un Berliet couleur sable au museau plat et aux banquettes de cuir marron dures comme du bois. J'observais les adultes dont le corps tressautait au gré des cahots de la route. Je ne comprenais pas pourquoi le mien ne bougeait pas, et je m'efforçais de m'agiter à l'unisson des grandes personnes.

Longwy-Bas, c'était la ville, avec un grand magasin (le Noga), des boutiques, la pâtisserie où nous achetions une bûche et des marrons glacés à Noël, quelques grands cafés, une large place où trônait la Banque de France avec son fronton aux lettres d'or.

Les vitrines de Longwy-Bas ne faisaient guère rêver ma mère, qui expliquait volontiers aux indigènes à quoi ressemblait une vraie ville. Fille d'émigrés italiens, elle était née à Alger, où elle avait vécu jusqu'au début de la Deuxième Guerre mondiale. En 1944, elle avait débarqué en France avec sa fille, âgée d'à peine un an. Son mari venait de mourir. Elle répondit à une petite annonce et rencontra mon père un jour de 1946 sur une banquette des Deux Hémisphères, une brasserie de Nancy. Ils se marièrent le 20 décembre. Un an et quatre jours plus tard, j'étais né.

Femme au foyer était alors une activité respectable. Ma mère abandonna son métier de couturière, mais continua d'habiller sa famille. Ma sœur et moi avons porté des manteaux qu'elle confectionnait en retaillant des pardessus de mon père. Elle commandait les patrons de *Bonne Soirée* et dessinait les pièces à la craie grasse sur l'étoffe. Quelques pointillés sur du papier de soie devenaient une veste ou un pantalon. Quand je n'allais pas en classe, je restais à ses côtés, observant ses gestes précis, l'impulsion qu'elle donnait au volant de la machine à coudre pour lancer le pédalier, son art d'embobiner les navettes, sa maîtrise du cheminement du fil sur la machine. Je n'ai toujours pas éclairci le mystère de la doublure qui ne laisse apparaître aucune couture.

Passer d'une métropole méditerranéenne à un bourg lorrain des rives de la Chiers n'avait pas été facile. Ma mère souffrait autant du climat que de l'hostilité des voisins, qui l'avaient accueillie en la traitant de « macaroni » ou de « bicote ». Elle avait peu d'amis, et mon père, prompt à se fâcher avec les derniers téméraires, en réduisait chaque jour la liste. Le jeudi, nous pratiquions la visite clandestine. Le soir, il fallait éviter toute référence à notre après-midi, afin de ne pas révéler par mégarde que nous avions enfreint l'interdiction paternelle de fréquenter les Untel.

C'était une vie de famille à quatre, que ma mère égayait par son tempérament latin. Elle cuisinait comme une Algéroise. J'aimais ses beignets d'aubergines, ses salades de poivrons et sa *mouna*, une brioche parfumée à la fleur d'oranger qu'elle confectionnait chaque année à Pâques. La première fois que j'ai mangé une quiche lorraine, c'était sur un trottoir de Marseille...

Rue Oscar, les garçons de la cité jouaient au football. Je n'avais pas le droit de me joindre à eux. Mon père tenait à me protéger du fils d'Untel, « qui buvait », et de celui d'Unetelle, « qui courait ». J'allais « au jardin ». Je tombais dans l'herbe, foudroyé par les balles ennemies, poussais la balançoire au ciel, construisais des châteaux de sable comme mon père me l'avait appris : une cour rectangulaire, des remparts, un chemin de ronde, un pont-levis, des douves et quatre tours d'angle rondes crénelées.

L'hiver, j'édifiais un igloo, à l'aide de blocs de neige moulés dans un vieux seau de métal et jointoyés avec de la neige fraîche. Les jours de pluie, j'écoutais, sur Radio Luxembourg, *Tante Lucie*, le *soap* de l'époque (« Tide, qui ajoute l'éclat à la blancheur, présente... »), et *Le Passe-temps des dames et des demoiselles.* Quand les hommes étaient à l'usine, les enfants à l'école et les femmes au ménage, le silence s'installait dans la maison. Il n'était rompu que par le vrombissement de la machine à coudre, les hoquets de la machine à laver Mors et le sifflement fluet d'une loco de *l'Usine*, que l'on ne pouvait confondre avec le ténor deux tons des motrices de la SNCF. J'ai gardé de ces après-midi un goût particulier : aujourd'hui encore, j'aime flâner dans les rues à l'heure où les femmes sont seules.

Lorsque mon père arrivait de *l'Usine*, chaque jour à midi dix, nous essayions de déterminer son humeur. S'il s'efforçait d'identifier *Le Personnage Mystérieux*, c'était bon signe. Avant les informations, il écoutait *L'Homme des vœux*, afin de le localiser et de se tenir prêt à le croiser un jour prochain dans la rue. Dans cette perspective, il gardait toujours sur lui une capsule de Bartissol [11]. Ensuite, c'étaient « les nouvelles ». Mon père prenait un air grave et chacun se taisait.

Il repartait pour *l'Usine* à 13 h 20, et l'atmosphère se détendait. Ma mère montait le volume de la radio, reprenait une chanson, débarrassait la table, faisait la vaisselle. Elle consacrait un temps fou au ménage, autant par goût que par souci de ne pas susciter les reproches de mon père. Il aimait l'ordre et le faisait savoir, critiquant les voisins qui laissaient « traîner les choses » et négligeaient leur toile cirée.

Ceux qui n'avaient jamais affronté ses sautes d'humeur s'étonnaient des réserves que ma mère manifestait à son égard. Tous vantaient les qualités de cet homme qui rapportait toute sa paye à la maison, ne buvait pas, ne fumait pas, n'était pas coureur, se montrait aimable, rendait service, avait un des plus beaux potagers de la cité, bricolait admirablement.

Il est vrai que, dans ses bons jours, c'était un monsieur délicieux. Les dames le trouvaient séduisant. Il était coquet, prenait un soin extrême de ses vêtements. Sur les photos les plus anciennes que je possède de lui, il ressemble à un apache du temps de *La Belle Équipe*, le cheveu lissé en arrière à grand renfort de brillantine Roja.

En société, il se montrait charmeur. Amateur de calembours, de jeux de mots et de blagues qu'il dénichait dans *Le Chasseur français* ou dans *Sélection*, il savait distraire son public. Il poussait volontiers la chansonnette et connaissait tout le répertoire de Tino Rossi.

Puis, sans raison particulière, il se refermait et devenait acariâtre. Il fallait baisser la radio, dîner en silence, attendre 21 h 30, qu'il aille se coucher. Nous nous serrions alors près du poste – pas question de le réveiller – pour écouter *Les Maîtres du mystère*. Le seul indicatif – une mélopée lancinante jouée aux ondes Martenot, mêlée à des bruits de pas dans la nuit – nous faisait frissonner.

Clélia, qui n'a pas connu mes parents, croit deviner chez moi une préférence pour ma maman. Elle s'inquiète.

« Mais tu l'aimais bien, ton père, même s'il était un peu sévère ?

– Bien sûr. Et puis, il n'était pas méchant. C'était un inquiet... Il lui arrivait de crier très fort. J'étais terrifié... Mais il était aussi plein de douceur. Le matin, il me réveillait le plus tard possible... Il m'appelait "Colinot".

– C'est mignon. Même quand tu étais grand ?

– Oui.

– Alors, il t'aimait bien ?

– Mais oui. Il essayait toujours de me faire plaisir, à sa façon. On ne se rend pas compte de ça, quand on est petit. Comme il ne pouvait m'acheter une bicyclette, il avait retapé un vieux vélo de femme qu'il avait repeint en vert pâle.

– C'était gentil.

– Oui, mais j'étais le seul de la rue à avoir un vélo différent, et j'avais honte.

– C'est parce que vous étiez pauvres...

– Non. Nous n'avions pas beaucoup d'argent, mais nous n'avons jamais manqué de rien. De toute façon, on ne pensait pas à acheter. Si on voulait rêver, on regardait dans les catalogues de vente par correspondance. »

Celui de Manufrance couvrait tous les désirs imaginables, mais, pour moi, il contenait surtout des objets destinés aux « autres ». Des fusils pour les chasseurs, des vélos de course pour les coureurs, des enjoliveurs de roues pour ceux qui possédaient une automobile, des moulinets pour les pêcheurs. Seuls les jouets me semblaient des acquisitions envisageables. Il m'était arrivé de retrouver certains d'entre eux devant la cheminée de la salle à manger un matin de Noël.

L'idée de changer de décor, de vivre autrement ne m'effleurait pas. Les rares images d'un autre monde, je les avais vues dans quelques livres de classe ou en feuilletant *Le Chasseur français*. Souvent, il s'agissait d'Africains en pagne ou d'Hindous enturbannés décrits comme d'étonnants sauvages. Le reste de l'univers n'avait aucune réalité pour moi, ce que j'en apercevais dans les magazines m'était aussi étranger que la tribu des ingénieurs. Les photos couleurs étaient rares. C'est ma mère qui m'a appris que la mer n'était pas grise, mais bleue.

Jusqu'à l'âge de dix ans, j'ai cru que tous les hommes, partout dans le monde, travaillaient dans une usine, que tous les horizons étaient enfumés et bornés de crassiers. C'était mon quotidien, et je n'imaginais pas que l'on pût le trouver laid. Il nous arrivait, les soirs d'été, d'aller en famille contempler notre ville depuis le Belvédère, un point de vue avec table d'orientation installé dans un des lacets de la route reliant Longwy-Bas à Longwy-Haut. Un panneau annonçait fièrement « La Vallée des Hauts Fourneaux ». Le connaisseur y distinguait les principales usines, Senelle, la Chiers, Lorraine-Escaut. Quand *l'Usine* crachait une pluie d'étincelles et que les wagonnets déversaient le laitier incandescent sur les crassiers, la vallée devenait un volcan en éruption.

Aujourd'hui, les hauts fourneaux ne figurent plus qu'aux vitraux des églises, les usines ont été démantelées, laissant, entre les rangées de cités-jardins, d'immenses friches « paysagées ». Au Belvédère, le panneau annonce désormais « La Vallée de la Chiers ». Mais il n'y a rien à voir, sinon un paysage amputé de sa majesté industrielle, un puzzle dont certaines pièces ont été perdues à jamais.

Les lumières se sont éteintes, les ateliers se sont tus. Autrefois, l'usine respirait vingt-quatre heures sur vingt-quatre. On entendait battre ses marteaux-pilons. À six heures du matin, deux heures de l'après-midi et dix heures du soir, les sirènes annonçaient les changements de postes. Aux portes des usines, des files de cars attendaient les ouvriers pour les ramener chez eux, parfois à plusieurs dizaines de kilomètres, jusqu'en Belgique et au Luxembourg. Quand le garde ouvrait les grilles, ils sortaient par centaines, tous en cottes bleues, casquettes et bérets. Le bruit de leurs pas sonnait comme une charge.

C'est ce grondement que j'ai entendu, dans la cité de Wavertree devant la maison de George : celui d'une histoire révolue à jamais.

Chapitre 5

Chez les yéyés

Dans la chambre 117, je feuillette l'*Anthology* avec Clélia. Trois adolescents imberbes brandissent crânement des instruments bon marché. La première guitare acoustique de George, achetée 3,10 £ de l'époque [12], ressemble à celle que mes parents m'avaient commandée sur le catalogue de Manufrance. Le vernis était trop rouge, le manche n'était pas droit et elle était fausse – presque un quart de ton – à partir de la septième case. Les cordes passaient à deux millimètres de la touche, il fallait exercer une pression énorme pour éviter qu'elles ne frisent. Je la traitais comme un Stradivarius. C'est sur elle que j'ai appris à – très mal – jouer des instrumentaux : *Apache*, *Shazam*, *Rebel Rouser* et *My Bonnie* dans la version de la *Méthode Salut les Copains*.

Par la suite, j'ai possédé une guitare électrique, une Kent rouge avec deux micros et un vibrato. C'était un instrument de contrebande, qui avait franchi les frontières allemande et luxembourgeoise sous une couverture à l'arrière de la R8 familiale. Nous étions allés l'acheter à Trèves, où elle coûtait deux fois moins cher. Le vendeur allemand nous avait fait une démonstration époustouflante. Je pensais posséder un engin qui aurait fait rêver Duane Eddy. J'avais oublié un détail : c'était une *solid body*, un modèle sans caisse de résonance, taillé dans une simple planche de bois. On ne peut jouer d'une *solid body* sans amplificateur.

Mon père me bricola une solution de fortune. Il adapta un jack femelle à mon électrophone (puissance : deux watts), et j'y branchai la guitare. Le son était prodigieux : à la fois électrique à mes jeunes oreilles et d'une totale discrétion pour le voisinage.

Je lis dans l'*Anthology* que, faute d'argent, George Harrison utilisait la radio familiale comme ampli.

« Tu vois, dis-je à Clélia, George a fait comme moi. »

Mon audace la stupéfie.

« Mais toi, t'étais pas un Beatles !

– Lui non plus, à cette époque. C'était un garçon de quatorze ans qui venait d'acheter sa première guitare électrique. Comme moi.

– C'était pas pareil.

– Pourquoi ?

– Toi, t'étais à Longwy. »

Nous avons eu cette discussion plusieurs fois, et Clélia n'en démord pas : Liverpool, c'est autre chose. Pourtant, Longwy, c'était Liverpool sans la mer : même grisaille, mêmes cités ouvrières coincées entre les usines et les ateliers. Seule tache de couleur, l'œil magique de la radio, trèfle à quatre feuilles qui s'épanouissait quand on atteignait la bonne station.

Au milieu des années 1950, l'Amérique régnait sur les ondes. Les éditeurs de musique, déjà à l'affût du succès universel, adaptaient les tubes d'outre-Atlantique dans toutes les langues. Les Français n'avaient jamais entendu parler de Pat Boone, mais connaissaient par cœur *La Ballade de Davy Crockett*. Ils jappaient avec *Le Chien dans la vitrine* de Line Renaud, mais ignoraient qu'il avait été créé par Patti Page sous le titre *How Much Is That Doggie In The Window?*

Sur les ondes anglaises aussi, les Américains raflaient les premières places avec leur batterie de crooners – Perry Como, Al Martino –, quelques énervés à la Frankie Laine [13] et des groupes vocaux, genre Four Aces, spécialistes du swing guimauve. Le Royaume contre-attaquait aussi souvent que possible avec ses productions maison. Le chiot de la vitrine y avait été numéro un dans la version de Lita Roza – saluons au passage la rigueur des adaptateurs. « Arf! Arf! » était devenu « Woof! Woof! » en anglais. Mais, jusqu'à l'époque de la *British Invasion*, le monopole de la variété US ne fut jamais remis en question.

Ceux qui souhaitaient échapper à la variété « adulte » se branchaient sur le programme anglais de Radio Luxembourg – 208 mètres ondes moyennes – qui diffusait, avant tout le monde, des nouveaux venus comme Eddie Cochran, Fats Domino, Elvis Presley. L'émetteur était installé au Grand-Duché, sur le toit de la villa Louvigny, à trente kilomètres de Longwy.

La musique, je la découvrais surtout sur Europe Numéro 1. À onze heures du soir, Frank Ténot et Daniel Filipacchi animaient *Pour ceux qui aiment le jazz*. L'indicatif, *Camp Meetin'*, était interprété par Don Wilkerson, le « Texas Twister », un sax ténor qui jouait avec Ray Charles. La programmation en était large, le rhythm'n'blues y était admis. J'écoutais l'émission clandestinement au fond de mon lit.

Frank et Daniel venaient de lancer *Salut les Copains*, un programme mêlant variétés françaises et rock anglo-saxon, Sheila et Ray Charles, Lonnie Mack et Lucky Blondo. Chaque jour, je revenais du collège en courant pour ne pas manquer le début de l'émission, à dix-sept heures. L'indicatif, *Last Night*, par les Mar-Keys, serait bientôt remplacé par un twist simplet, interprété par Eddie Vartan (et son orchestre).

Sous les commentaires très « teenagers » – nom, prénom, âge et dessert préféré –, on sentait Daniel et Frank – surtout

Frank – moins à l'aise avec le rock qu'avec le jazz. Ils se forçaient un peu avec le nouveau Billy Bridge. Mais ils avaient l'oreille œcuménique. Faisant de *Une petite fille* le « chouchou de la semaine », ils lancèrent la carrière de Nougaro.

L'essentiel du rock français était constitué d'adaptations mollassonnes. Richard Anthony avait transformé le chaloupé *Three Cool Cats* en un bâillant *Nouvelle Vague.* Seuls quelques voyous de La Trinité et le fils d'un boucher de Nice se montraient à la hauteur : le *Brand New Beat* de Gene Vincent était devenu un honorable *Cœur tout neuf,* hoqueté par Dick et ses Chats Sauvages.

De Johnny, je possédais une relique : une carte postale où il était « vêtu » de morceaux d'un de ses costumes. Ça ressemblait beaucoup à de la feutrine noire, mais je n'avais ni l'âge ni le désir d'être sceptique. Être fan, c'est accepter de passer pour un demeuré.

Salut les Copains me communiqua le virus de la version originale. Je me désintéressai de tout ce qui chantait en français, abandonnai Johnny « les bras en croix » et décrochai son effigie en feutrine.

« T'as eu des disques de Johnny Hallyday ?

– Oui.

– C'est naze, Johnny Hallyday.

– Quand j'avais ton âge, il avait dix-sept ans, comme John…

– Parce que pour toi Johnny Hallyday et John Lennon, c'est pareil. Ben, dis donc… Tu rigoles, là ?

– Il a été jeune, lui aussi. Quand il a commencé, il se roulait par terre à la télé. Les adultes le prenaient pour un crétin. Ils méprisaient son public. Ils nous appelaient les "yéyés". Pour se venger, on les appelait "les croulants". »

À cette époque, le rock était le seul moyen d'oublier la réalité, propriété exclusive des adultes. Lennon décrit sa découverte du rock'n'roll comme une révélation, « l'intrusion du réel dans un quotidien totalement irréel ». Nous vivions dans un monde austère, encore marqué par la guerre. La vie commençait à vingt et un ans. En attendant, on faisait ce qu'on nous disait de faire : on se taisait à table, on ne choisissait pas ses vêtements, on ne pouvait espérer entrer dans un café, même pour y siroter une limonade. Les règles étaient strictes, les rockers jouaient le jeu. Ils portaient des jeans « tous les jours, sauf le dimanche », comme dans la chanson des Crickets [14]. Il n'y avait pas de solution de rattrapage : c'était l'école ou la maison de correction.

L'évocation de cette enfance entre *Poil de carotte* et *Les 400 Coups*, peuplée de maîtres en blouse grise distribuant des coups de règle et de patriarches silencieux, inquiète Clélia :

« Toi aussi, on t'a battu ?

– Oh, j'ai reçu quelques coups de pied aux fesses à l'école. Mais tu sais, ma mère aussi me flanquait des taloches. C'était normal, à cette époque.

– Normal ?

– Oui. D'ailleurs, si je revenais de l'école en me plaignant d'avoir reçu une gifle, j'avais droit à une deuxième.

– Pourquoi ?

– Parce que le maître ne pouvait pas avoir tort...

– Tu m'as dit que ta maîtresse te tirait les cheveux.

– Oui. Elle m'attrapait les pattes, près de l'oreille. Ça faisait très mal. J'en avais les larmes aux yeux. »

Clélia s'efforce d'imaginer cette époque barbare sans droits de l'enfant ni baladeurs.

« Maman m'a dit que la télé, ça n'existait pas quand vous êtes nés ?

– Ça existait, mais personne ne l'avait. Un voisin en a acheté une vers 1958. Il était le seul de la rue. Le jeudi après-midi, les enfants du quartier allaient chez lui regarder Télé Luxembourg. C'était comme à Liverpool, on avait juste la radio. On disait “le poste”. Mon père l'appelait “la TSF”.

– La quoi ?

– La T-S-F. Ça veut dire “télégraphie sans fil”. C'était le nom de la radio, au début… »

J'avais oublié que j'étais né au temps des locomotives à vapeur, de la troisième classe aux banquettes en lattes de bois, et des 78-tours. Pour Clélia, le vinyle reste une matière mystérieuse. Les rares fois où elle a aperçu des « vieux disques », c'est en faisant des brocantes avec sa maman. Comment lui expliquer la différence entre les diamètres et les vitesses de reproduction ? Lorsque j'en arrive aux 33-tours 25 centimètres et aux 45-tours 30 centimètres, elle renonce à comprendre. Nous nous en tiendrons à la définition suivante : les 45-tours, ce sont les « petits disques ».

Le goût du rock'n'roll m'est venu le jour où ma sœur a rapporté du collège quelques « petits disques » prêtés par un de ses camarades. Mon favori était *Tell Laura I Love Her*, par Ricky Valance[15]. En fait de rock, c'était un slow. Mais j'aimais le baryton mélancolique de Ricky, les arpèges électriques bien sages, les chœurs qui faisaient « pom, pom, pom, pom » et, dans le refrain, les seuls mots que je comprenais, puisqu'ils étaient inscrits sur l'étiquette bleu nuit : « Dites à Laura que je l'aime ».

La chanson figure sur une compilation, je la fais écouter à Clélia.

« C'est bien, non ?

– Ouais… bof…

– Tu veux que je te raconte l'histoire ?

– Euh, non…
– C'est une histoire d'amour, tu sais.
– Ouais… mais j'aime pas trop les chansons douces… »

Tommy, le héros de *Tell Laura…* est – avec le motard de *Leader Of The Pack* des Shangri-Las – un des rares morts du rock'n'roll de cette époque. Il s'est inscrit à une course de stock-cars pour gagner de quoi acheter une alliance et épouser Laura. La course commence, les voitures roulent à un train d'enfer, celle de Tommy se retourne et prend feu. Quand on le retire de la carcasse fumante, il a juste la force de murmurer : « Dites à Laura que je l'aime, dites à Laura de ne pas pleurer, car mon amour ne mourra jamais. »

Je ne dirais pas que j'avais fait mon entrée dans le rock'n'roll sur les chapeaux de roue (quoique…), mais Ricky Valance m'avait donné le goût d'une autre musique que celle qui hantait alors les radios : Patrice et Mario, Les Compagnons de la Chanson, Line Renaud, Jacqueline François et ses *Lavandières du Portugal*[16], dont je n'ai jamais oublié le refrain, féministe avant l'heure, que j'entonne fièrement pour Clélia :

« *Tant qu'y aura du linge à laver*
On boira de la manzanilla
Tant qu'y aura du linge à laver
Des hommes on pourra se passer
Et tape, et tape, et tape avec ton battoir
Et tape, et tape, tu dormiras mieux ce soir.

– C'est nul… Quand je pense que tu te moques de *Star Academy…*
– Oh, mais, il y avait pire que ça. »

J'enchaîne avec l'inoubliable *Je te le le* de Maria Candido :

« *Je te le le, l'avais lais lais, bien dit li li*
Que tu lu lu, serais lais lais, bientôt lo lo, ma femme
Je te le le, l'avais lais lais, bien dit li li
Que tu lu lu, serais lais lais, bientôt lo lo, ma mie. »

Clélia est atterrée.

« C'est débile...

– C'était l'époque. On aimait bien les "tchi tchi", les "pillibi", les "pepipi, pepito".

– Mais tu avais des disques, tous les vieux disques que j'ai vus à la campagne.

– Oh, ceux-là, je les ai eus beaucoup plus tard. J'étais déjà grand. À ton âge, je n'avais pas d'électrophone. Mon père en a acheté un au début des années 1960. »

Le « pick-up » était un bien familial. Mon père l'avait inauguré avec *Marinella* par Tino Rossi, ma mère avec *Fascination* dans une version à la Caravelli. Son utilisation faisait l'objet d'un cérémonial. Rangé dans la salle à manger, près de la travailleuse de ma mère, il ne pouvait être utilisé sans autorisation. On l'écoutait comme on se serait rendu au concert.

L'appareil, un Radiola mono habillé de faux tweed gris, disposait d'un plateau, couvert de feutrine rouge, ne dépassant pas dix-huit centimètres. Une tirette de métal permettait de choisir entre 16, 33, 45 et 78 tours/minute. La musique était restituée par un haut-parleur de dix centimètres de diamètre. Un seul bouton contrôlait l'interrupteur et le volume. Lorsqu'un disque était rayé, il suffisait d'alourdir la tête de lecture avec un sucre ou des pièces de monnaie pour les rayures plus profondes. Ça craquait, mais ça passait.

Il me fallut deux ou trois ans pour obtenir le droit d'ôter le pick-up de sa châsse. Après une station dans la cuisine, il atterrit dans ma chambre et je me l'appropriai, à condition de le redescendre à Noël, quand mon père désirait écouter Tino roucouler *Minuit Chrétiens.*

À quinze ans, je possédais une trentaine de 45-tours – les 33-tours, c'était pour les nantis. Tous portaient ma marque, un monogramme mêlant mes initiales à une guitare. Ma discothèque alternait les hurlements de *Tutti Frutti* et les harmonies de *Cryin' In The Rain.* Le rock'n'roll du début des années 1960, ça pouvait aussi dégouliner, à la Bobby Vee slow rock ou à la Frankie Avalon langoureux, le genre *Bobby Sox To Stockings*[17].

Hormis les paroles ambiguës de Chuck, les déhanchements d'Elvis et le regard fou de Jerry Lee, l'univers du rock de la fin des années 1950 était plutôt calme. Il fallait aller à Paris pour trouver un peu de jeunesse turbulente. À Gouraincourt, le seul blouson noir que j'aie jamais connu s'appelait Jean-Pierre. Il portait une veste de skaï noir zippée, fumait des Gitanes sans filtre et roulait en Flandria. On ne craignait guère Jean-Pierre, d'autant moins que son père était agent de police au commissariat de Longwy-Bas, et que sa mère tenait une des épiceries du quartier. Elle ressemblait à Dany Carrel, même choucroute et même décolleté, et j'adorais y faire les courses, bravant les reproches de ma mère qui la trouvait « trop chère ».

La Fureur de vivre, c'est un abus de traduction. Les rebelles sans cause[18] portaient des socquettes blanches, des jeans repassés et roulaient en cabriolet. Ils étaient la version hollywoodienne des *Tricheurs,* ces jeunes gens de bonne famille qui s'essayaient aux émotions de grande personne quand leurs parents passaient le week-end au Touquet-Paris Plage.

Pour les adultes, il n'y avait aucune différence entre le voyou Gene Vincent et le calamistré Fabian : même banane, même mauvais genre. Slow ou pas, dur ou mou, le rock était à peine toléré chez moi – où ma mère exigeait que je l'écoute en sourdine – et interdit au collège. Monsieur Netzer, professeur de mathématiques et d'allemand, m'avait obligé à ôter un T-shirt « Salut les Copains ». Comme Lennon au Liverpool Institute, j'introduisais certains disques en contrebande au club de jazz, seule musique autorisée.

Je ne savais pas encore pourquoi, mais j'avais compris que les Everly Brothers et Little Richard appartenaient au même monde.

Chapitre 6

Prisonniers !

Mercredi 26 février

Ce matin, nous avons vidé les tiroirs, bouclé les bagages et fait nos adieux à la chambre 117. Clélia ne répondait plus que par monosyllabes. Nous sommes revenus plusieurs fois vérifier que nous n'avions rien oublié. Nous traînons les pieds.

En deux jours, nous nous sommes habitués à arpenter Liverpool, à humer l'air près de la Mersey. La tour de Radio City, l'imposante silhouette rouillée de la cathédrale, les bassins d'Albert Dock, les oiseaux du Liver Building, Mathew Street et ses sculptures ratées nous manquent déjà.

Nous quittons l'Adelphi vers dix heures et prenons la direction du Queensway Tunnel, mais, à l'angle de Victoria Street et de North John Street, je gare la voiture et nous retournons faire nos adieux à Mathew Street.

Le Cavern Walks est ouvert. Clélia y déniche une nouvelle boutique spécialisée dans le souvenir Beatles, From me To You. Quand nous poussons la porte, une sono diffuse *All My Loving*.

« C'est pas les Beatles, dit Clélia. Demande qui chante au monsieur. »

Ce ne sont pas les Beatles, en effet, et le monsieur nous prend tout de suite au sérieux. Il nous dit s'appeler Steve.

Nous nous présentons, je raconte notre voyage. Steve observe Clélia. Il a l'habitude des fans, mais la plupart de ceux qui fréquentent sa boutique ne sont plus dans leur première jeunesse. Comme Janet, la cinquantaine bien sonnée, qui se tient près de la caisse.

Convaincue qu'un vrai *connoisseur* des Beatles ne peut avoir dix ans, Janet ignore Clélia et noue conversation avec moi. Pour elle comme pour Steve, plus le fan vient de loin, plus il est digne de respect. Avec nos huit cents kilomètres, Clélia et moi enfonçons n'importe quel *Briton*, même venu de Cornouailles.

Je serai cependant rétrogradé à la deuxième place par l'arrivée d'un Australien (quinze mille kilomètres ?) aux cheveux grisonnants, sosie de Steven Spielberg. C'est un habitué. Il s'enquiert auprès de Steve du concert donné en hommage à George Harrison le samedi précédent.

L'Australien est fan de McCartney. Steve a quelque chose pour lui. Il va chercher un album de photographies prises en décembre 1999 quand Paul avait rejoué, pour la première fois depuis 1963, à la Cavern. Steve, l'un des trois cents privilégiés admis à l'intérieur, était parvenu à faire quelques photos. Sous l'une d'elles, il a noté « I saw you standing there ». Sur la suivante, où Paul fixe son objectif, il a écrit « … and you saw me standing here ».

L'Australien hoche la tête. Comment a-t-il fait, ce Steve, pour se pavaner au premier rang de la Cavern quand toute la ville se pelait dans Chavasse Park où le concert était retransmis sur un écran géant ? Steve doit ce privilège à sa fonction de gardien de la flamme. Outre la boutique, il anime un site Internet mêlant news et e-commerce, qui répand la Bonne Nouvelle dans le monde entier et a essaimé en Scandinavie puis en Amérique du Sud. Justement, il souhaiterait créer une version française, me dit-il. Je lui promets d'y réfléchir, et me réfugie auprès de Janet.

Elle me propose de la rejoindre le soir même dans un pub de Crosby où l'un des Blue Meanies – celui qui ressemble à George Harrison, précise-t-elle – va donner un concert.

Les Blue Meanies, tous originaires de Liverpool, sont un de ces groupes clones qui, tantôt endimanchés comme dans *A Hard Day's Night*, tantôt chamarrés comme sur la pochette de *Sergeant Pepper's*, jouent le répertoire des Beatles à la note près, sur des instruments d'époque. (Ils sont aussi « capables de jouer du Stones, du Steely Dan, du Chic et du Beach Boys, conviennent parfaitement pour animer séminaires, mariages et fêtes privées, et comptent parmi leurs clients Toyota et la chaîne d'hôtels Forte », précise leur dossier de presse.)

« Gavin Pring – celui qui ressemble à George – est un super bluesman », m'assure Janet.

Elle a eu vingt ans dans les années 1960 et ressemble à ces institutrices en retraite qui visitent l'Europe en autocar, le cheveu bleuté et le pied chaussé de tennis. Mais son truc, ce n'est pas l'architecture gallo-romaine ou les circuits cathares. Elle ne vit que pour les Beatles. Elle est de la région, elle a suivi leur ascension en direct. Elle peut passer des heures à papoter avec Steve des dernières avancées de la recherche beatlesienne. C'est une fan active, de celles qui n'ont raté aucune *Convention* depuis vingt ans.

La petite Janet a épaissi. La bière, peut-être, car elle me recommande les produits du pub de Crosby avec autant de chaleur que le blues des Blue Meanies. Difficile d'imaginer chez cette quinquagénaire une des jeunes filles plantées au premier rang de la Cavern en 1961.

Clélia me demande ce que raconte la dame.

« Elle voudrait nous amener à un concert de blues.

– Tu lui as pas dit qu'on partait ?

– Si, mais on discutait. Tu sais, elle a vu les Beatles à la Cavern, à leurs débuts. »

Clélia toise Janet, qui fait cinq centimètres de moins qu'elle, lui adresse un sourire poli, règle ses emplettes et me tire par la manche.

« Tu viens ? Ce que tu peux être bavard. Même en anglais ! »

J'ai mis le moteur en marche. Deux minutes plus tard, nous sortons du Queensway Tunnel, creusé sous la Mersey, et entrons dans Birkenhead, monotone alignement de faubourgs résidentiels et d'anciens chantiers navals. Liverpool est déjà loin. Clélia choisit un CD des Beatles. Nous jouons à trouver la banlieue jolie.

La route traverse cinquante kilomètres de morne plaine, devient sinueuse, longe un torrent. Des collines barrent l'horizon. Le mot « *Araf* », « Ralentir » en gallois, est peint sur la chaussée. Les noms des villages sont imprononçables. Nous passons à proximité de Llanfairpwll, abréviation de Llanfairpwllgwyngyllgogerychwyrndrobwll-llantysiliogogogoch. (Cela signifie simplement « The Church of St Mary in the hollow of the white hazel near the rapid whirlpool and the church of St Tysilio near a red cave ».) Nous sommes au pays de Galles du Nord.

Un peu de neige recouvre les sommets autour du Snowdon (point culminant du pays de Galles, altitude : 3 650 pieds, 1 085 mètres), aux pentes pelées, couvertes d'herbe rase semée de moutons immobiles comme des manchots. Le vent d'ouest s'acharne à pousser la voiture au fossé. Disparues, les maisons de brique sombre, les villages sont taillés dans une pierre grise et dure. À Penrhyndeudraeth, nous tournons à gauche, pour emprunter la route tortueuse qui mène au « village du Prisonnier ». Sur le plateau, le Castell Deudraeth, forteresse moyenâgeuse bâtie en 1850, dresse ses murailles crénelées flanquées d'un puissant donjon. C'est le poste le plus avancé du Royaume-Uni. Au-delà, le chemin s'enfonce dans une forêt méditerranéenne.

On entrevoit un pan de mur rose, des volets pistache, des tuiles romaines, des fontaines et, dominant la *piazza*, son bassin et sa colonnade, un campanile et le dôme du Panthéon. Nous avons atteint Portmeirion, enclave italienne accrochée sur une falaise de l'estuaire de l'Afon Dwyryd, caprice à la Portofino imaginé, près d'un siècle auparavant, par Sir Clough William-Ellis, un architecte gallois.

Jusqu'en 1925, l'endroit, perdu au fond de la baie de Cardigan, s'était appelé Aber Iâ, l'Estuaire Glacial, et l'on n'y voyait guère que du gibier d'eau et quelques ânes. Cette année-là, Sir Clough acquit le site pour une bouchée de pain et décida d'y bâtir une petite ville à l'image de ses rêves d'architecte, mêlant les couleurs et le dépouillement d'un village méditerranéen à des fantaisies rococo. Il consacra cinquante ans de sa vie et l'essentiel de ses rentes à bâtir Portmeirion, sauvant au passage quelques chefs-d'œuvre en péril comme une colonnade du XVIIIe qu'il fit venir de Bristol. L'endroit, alors voué au secret, fit les délices de quelques privilégiés. H. G. Wells, George Bernard Shaw et Noël Coward venaient y écrire ou s'y reposer.

Le comédien Patrick McGoohan découvrit Portmeirion en 1959, alors qu'il tournait un épisode de *Destination Danger*. Séduit par les lieux, il eut l'idée, quelques années plus tard, d'en faire le décor principal de sa nouvelle série, et Portmeirion devint « le village du Prisonnier ».

Impossible de fermer les persiennes de la *Maison Huit* – notre chambre. Ce sont juste des panneaux de bois peint ajourés fixés au mur pour le décor (la jalousie est un accessoire latin ; les Anglo-Saxons lui préfèrent les rideaux). Derrière ses faux volets pastel, le Main Hotel propose un confort bien britannique, tapis profonds, lourdes tentures. Dans la chambre, une carafe de sherry et deux verres attendent le voyageur.

Clélia n'a jamais entendu parler du *Prisonnier*. Elle va le découvrir sur la chaîne câblée de l'hôtel qui, après un documentaire sur l'histoire du village, en diffuse un épisode – le n° 15, « La mort en marche » (« The Girl Who Was Death »). Malheureusement, l'action se déroule pour l'essentiel hors du village.

J'ai suivi quelques épisodes de la série vers la fin des années 1960, chez mes parents, sur un téléviseur noir et blanc. Hormis les boules blanches et l'étrange bruit qui les accompagne, j'en avais tout oublié. Je trouve l'ensemble ridicule et daté : il y a un nain, comme sur une pochette des Doors, les personnages sont vêtus comme dans un Scopitone de Sheila, l'intrigue est tirée par les cheveux, la musique semble jouée par les « Anglais » de Gainsbourg, les femmes sont antisexe, les hommes pervers, le message politique puéril : on nage en pleine paranoïa psychédélique.

Patrick McGoohan, l'interprète du n° 6, avoue volontiers souscrire au message paranoïaque délivré par la série : le Village est une allégorie de notre société. McGoohan, d'origine irlandaise, a passé son enfance aux États-Unis, patrie de la parano. Il fut, par ailleurs, élevé dans la religion catholique, ce qui peut expliquer son manque d'humour, son obsession du péché et de l'omniprésence du mal.

Le Prisonnier exprime, en dix-sept épisodes, la quintessence de la fin des haricots. C'est le monde de *Chapeau melon* à l'envers : les méchants ont pris le pouvoir ; ils sont invulnérables ; ils sont partout ; le peuple vit à genoux, et il aime ça ; les femmes sont toutes duplices et, lorsqu'elles doivent choisir, se rangent aux côtés des traîtres. Quant au

« héros », qui bouge encore, mais si peu, on n'est plus très sûr, à la fin, qu'il ne soit pas lui-même le grand ordonnateur de ce jeu de massacre.

Il est révélateur de comparer l'art d'accommoder la volaille dans le n° 6 et selon John Steed. Dans un épisode de *Chapeau melon* intitulé « Interrogatoires », le héros est amené, pour localiser le repaire des conspirateurs, à suivre un pigeon voyageur. Nous le retrouvons au milieu d'un champ, en bottines de daim, le parapluie à la main. Tenant fermement son melon, il s'approche du pilote d'un hélicoptère et lui demande avec courtoisie : « Suivez ce pigeon. » Le volatile mène Steed chez les méchants et, sa mission accomplie, a droit à double ration de chènevis. Dans le dixième épisode du *Prisonnier* – « Le marteau et l'enclume » –, Numéro 6 s'amuse à lâcher un pigeon voyageur pour agacer le Numéro 2. Tout prend illico une tournure dramatique : on ne dit pas « *Follow that pigeon* » (« Suivez ce pigeon »), mais « *Check that bird* », soit « Assurez-vous de cet oiseau ». Le pigeon est immédiatement abattu, le spectateur aussi.

Né sous les auspices de la comédie, *Chapeau melon* ne s'est jamais inscrit dans une perspective de critique sociale, encore moins d'une critique politique, même si certains pourront y voir l'incarnation d'un art capitaliste décadent. (Lorsqu'il terrasse un ennemi trop bien habillé à son goût, Steed commence par retourner sa veste pour y chercher l'adresse du tailleur.)

Chapeau melon doit tout à un cinéma où les agonies étaient brèves, où le sexe se résumait à un bref baiser. Pour les accidents de la route, on se satisfaisait d'une voiture encastrée dans un arbre, d'un radiateur fumant et d'un conducteur affalé sur le volant. Les noyés avaient le cheveu à peine humide. Les revolvers, d'un calibre rarement supérieur à 7.65, claquaient comme des pistolets à amorce.

Steed, Emma et Tara sont les Casques Bleus des baby-boomers, les gardes du corps d'une génération gâtée qui a ignoré la guerre. Avec des enjeux clairs, des méchants clairement identifiables et des super héros, ils offrent un dernier tour de piste avant les choses sérieuses (l'entrée dans la vie active, etc.). Ceux qui vont mûrir les saluent. Ultime produit de cet âge d'or, *Chapeau melon* est une série sans gravité, dernière station sur le chemin du possible. Comme son époque, elle témoigne d'un optimisme sans limites, sans doute pour la dernière fois.

La série clôt un cycle, celui qui avait osé installer un cordon sanitaire entre fiction et réalisme. Avec la dictature de ce dernier, l'obscénité est désormais filmée au ralenti, les effets spéciaux remplacent le scénario et les cascadeurs se substituent au comédien.

La régression avait frappé en 1967, avec la diffusion des premiers épisodes du *Prisonnier.* Elle récidivera avec *Amicalement vôtre.* En partie sauvée par les pitreries de Tony Curtis, la série est taillée près du corps, comme les vestons de Roger Moore, les femmes ravalées au rang d'objets sexuels. Filmées de dos, elles sont tout au plus un déhanchement qui s'éloigne.

Le cocktail *Prisonnier/Amicalement vôtre* préfigure l'avènement du tout pornographique, une volonté, née dans les *Seventies,* de remplacer le réel par le réalisme. Comme dans la pornographie, ce qui relève du récit est réduit à l'ellipse, ce qui relève du détail est voué à la dilatation.

Le remake de *Lolita* illustre bien ce principe. Adrian Lyne a tenté de *montrer* ce qui rendait troublant le film de Kubrick. Mais ce qui est troublant dans *Lolita,* c'est la montée irrésistible de la folie de Humbert Humbert. Lolita n'existe que par le désir de Humbert Humbert : séparée de lui, elle ressemble à une bonniche.

Ce qui est troublant dans le film de Kubrick, c'est le frémissement de la lèvre supérieure de James Mason. Lolita est la mort de Humbert Humbert. Que la mort enlève le haut ne change rien au film.

Égarée dans les méandres de l'intrigue du *Prisonnier*, Clélia s'en est rapidement désintéressée. C'est une histoire sans histoire et sans héros. Personne à qui crier : « Attention ! Derrière toi ! »

Nous éteignons le téléviseur et allons nous promener dans le village désert, battu par le vent de mer, sur le petit chemin qui mène à l'Observatoire et à la statue polychrome de Nelson. C'est un soir de pleine lune, la mer est haute, et l'estuaire s'est couvert de mercure.

Au restaurant du Main Hotel, le personnel nous attend au garde-à-vous. Lors de la réservation, le manager a insisté sur le *dress code*: « *Smart casual*, ni jeans ni survêtements ni chaussures de sport. » Je ne possède aucune de ces choses-là, mais j'ai dû convaincre Clélia d'enfiler un pantalon de crêpe noir et un corsage de velours.

Pour elle, c'est le début du calvaire. Il va falloir affronter ce que la France exporte de pire : la vanité gastronomique, avec ses menus incompréhensibles, ses rituels compassés qui transforment un repas en examen d'entrée à l'École hôtelière. D'un regard circulaire, Clélia a embrassé la catastrophe à venir : la clientèle chuchote, on ne voit rien à deux mètres car tout est éclairé à la bougie, le personnel, habillé retour d'Ascot, a le sourire crispé. Une exploration attentive de la carte renforce son inquiétude : le chef ne propose ni nuggets ni frites. Elle me jette un regard plein de reproches. Gêné, je lui propose de goûter un plat qui semble contenir des pâtes.

Quand, pour la douzième fois, le maître d'hôtel s'enquiert de notre satisfaction, je regrette de n'avoir pas choisi le *fish and chips* de Penrhyndeudraeth. Clélia, qui a calé depuis longtemps, me supplie du regard. Vite, la carte des desserts ! Mais le Main Hotel ignore l'existence du petit pot vanille-fraise.

Le supplice de Clélia a pris fin et nous sommes revenus dans la chambre. Nous écoutons les Beatles. Les charmes du pays de Galles et les étranges détours de Portmeirion n'ont pas chassé notre mélancolie. Liverpool nous manque. Heureusement, demain soir, nous serons à Henley, à quelques mètres du château de George Harrison.

Jeudi 27 février

Dans l'estuaire, l'eau descend, découvrant le banc de sable. En son milieu, l'îlot d'Ynis Gifftan se dresse comme Tombelaine dans la baie du Mont-Saint-Michel. Les pastels du village éclatent sous le soleil, mais Portmeirion, tel un mirage, se volatilise dès qu'on approche. On s'y sent à la fois propriétaire de tout, comme un pillard, et menacé d'un obscur danger. Portmeirion est une ville fantôme. Pétrifiée dans la torpeur hivernale, elle redevient ce que Sir Clough a dessiné, ce que la télévision en a fait : un décor, un délire d'accessoiriste, une maquette géante. En l'abordant ainsi, en multipliant les perspectives, le lieu retrouve un peu de sa magie. Mais Portmeirion reste un rêve, et rien n'est plus inquiétant que de s'y savoir éveillé.

Dominant la *piazza*, la maison du *Prisonnier* est désormais une boutique consacrée à la série. On peut y acheter des badges de Numéro 6 et de Numéro 2, des autocollants proclamant « Je suis un homme libre » ou s'interrogeant « Mais qui est Numéro 1 ? » C'est le seul lieu habité de Portmeirion, avec une autre boutique située en face du Town Hall et spécialisée dans l'histoire du village. La vendeuse, une solide Galloise, se réjouit de nous voir entrer. Ce qui l'intéresse, c'est notre indice de satisfaction. Nous devinant hésitants, elle se laisse aller à sa rancœur.

« Je vais vous dire la vérité, cet endroit est un cauchemar, une idée de malade. Non seulement on ne voit personne, mais la plupart des gens qui viennent ici sont… »

Elle hésite, nous toise, avant de continuer.

« … sont… bizarres. Il paraît, d'ailleurs, que Clough, lui aussi, était fou… Pas tant que ça, remarquez. Pas au point d'habiter ici.

– Et vous, vous y vivez ?

– Dieu merci, non ! Mais j'y passe mes journées. L'hiver, c'est invivable, on ne voit personne. L'été, c'est envahi par les fans [19]. Il y en a un qui s'appelle Régis, un Français. Il vient tous les ans. Il économise toute l'année pour passer quinze jours ici… »

Elle a pris un ton méprisant.

« Je me demande bien ce qu'il peut trouver à cet endroit. Si je ne devais pas gagner ma vie – j'ai deux enfants qui font des études –, il y a longtemps que je serais partie. »

Nous sommes redescendus vers l'estuaire. C'est la basse mer. Chaussés de bottes, nous pataugeons jusqu'à franchir l'étroit chenal qui nous séparait du banc de sable. Pas une seule boule blanche pour nous barrer le chemin.

Chapitre 7

Rue de l'Abbaye

Vendredi 1er mars

Par les fenêtres du Red Lion, nous regardons l'eau noire de la Tamise rouler vers Londres. Ici, c'est encore la province. La banlieue chic commence à quelques kilomètres à l'est, du côté de Maidenhead. Henley est une bourgade *upper class*, deux rues qui se croisent près de l'église gothique, boutiques cossues aux caissons de bois laqué, enseignes frappées d'italiques dorés, promeneurs en Barbour et casquettes pied-de-poule. Élisabeth II assiste ici aux régates royales. George Harrison y possédait un château que nous n'avons toujours pas localisé.

Ne tenant pas à affronter les embouteillages londoniens, j'ai laissé la voiture au parking de l'hôtel. Nous rejoignons la capitale en train. Le convoi se traîne dans la plaine lugubre qui précède Londres.

Passé Slough, les champs inondés font place à une forêt de brique, la grande couronne pavillonnaire qui abrite des milliers de *Semi-detached suburban Mister James*... La ville se resserre sur nous. Les murailles qui bordent la voie ferrée se couvrent de graffitis, le ballast est jonché d'ordures. Le train s'enfonce dans une tranchée, nous entrons dans la gare de Paddington.

Il faut attendre de rejoindre la rue pour recevoir Londres en pleine figure. Un *double decker* modèle 1933 crache sa fumée noire, la vitrine d'un *newsagent* affiche les manchettes grasses des tabloïds, le vendeur de journaux a l'accent de Peter Sellers dans *The Party*. Je chante, je virevolte, j'esquisse un pas de danse. Clélia jette un regard autour d'elle, inquiète que l'on m'ait vu, et me tire par la manche.

« Arrête ! Arrête ! chuchote-t-elle. Les gens te regardent. »

J'ai passé de longs mois à Londres au début des années 1970. C'était ma première capitale, tout m'y ravissait : la quantité anormale de voitures violettes, les taxis noirs aux chauffeurs muets, les bus que l'on prenait en marche, la première rangée en haut, dans l'impériale. La ville résonnait en permanence des grelots des *burglar alarms* qui se déclenchaient intempestivement. Des *beautiful people* déambulaient sans que quiconque ne leur prête attention. La musique coulait de partout. Chaque soir, j'allais à Camden écouter un nouveau groupe qui se produisait au Dingwall's.

J'étais roadie-assistant sonorisateur. Je venais d'effectuer une tournée de quelques semaines avec Gong et Kevin Coyne, dans des salles splendides, des *theatres* chargés de stucs et de moulures, éclairés par des lustres débordant de pendeloques. À l'entrée, pas trace du moindre bobby, les organisateurs nous accueillaient avec chaleur, les propriétaires des salles ne manifestaient aucune inquiétude pour leurs fauteuils de velours rouge. J'étais stupéfait. Toutes mes tournées françaises avaient été placées sous le signe de la malédiction : salles miteuses, personnel méfiant, cachets tronqués, spectateurs hystériques canalisés par une police hostile. La France profonde s'était toujours méfiée du rock. En 1963, Neil Aspinall, un des *road managers* des Beatles, notait déjà : « À Paris, si les fans se montrent trop pressants, la police balance quelques coups de matraque et le public file doux. »

L'Angleterre savait recevoir le rocker, et le rocker le lui rendait bien. Tout le pays résonnait de musique. J'étais, à l'époque, vêtu d'une pelisse en poulain, portais moustache et cheveu long. Où que j'aille, on me recevait avec une parole aimable et un sourire. Personne ne demandait le moindre papier. Il suffisait de quelques minutes pour louer une chambre, de se présenter à huit heures du matin à une adresse piquée dans *Time Out* pour décrocher un boulot de deux ou trois jours.

Chaque fois que je remettais les pieds sur le sol français, je retrouvais une maréchaussée soupçonneuse, des commerçants bougons, un peuple harassé et de mauvaise humeur. Paris, avec ses cars de CRS à chaque carrefour, ressemblait à Budapest en 1956. La France sentait le caleçon molletonné et la chaussette à clous. Je montais dans le premier train pour Calais, reprenais le ferry pour Londres la royale, le plus souvent sans un sou vaillant, ayant parfois mendié sur le quai de la gare maritime la poignée de livres qui me permettrait de payer la traversée. J'allais rejoindre Mary Crooker.

Clélia sait que j'ai aimé Londres et Mary Crooker. La première fois que nous sommes venus ici, elle avait sept ans. Je l'ai entraînée à Ealing, du côté de Mount Avenue, où habitait Mary.

Clélia a compris que, cette fois encore, l'itinéraire Beatles va être brouillé par la piste Mary, mais cela ne la dérange pas. Elle jouerait volontiers les détectives privés pour m'aider à retrouver mon « amie ». Elle veut en savoir plus.

« Vous vous êtes fait des bisous ?

– Oui.

– Des bisous d'amour ?

– Oui. »

Nous avons marché jusqu'à la verrière de la gare de Marylebone. C'est, avec les voies ferrées, tout ce qui reste de l'époque où furent tournés les premiers plans de *A Hard Day's Night*. Le hall a été modernisé à grand renfort de plastique. Nous avons beau scruter tous les recoins, plus de distributeur de lait, plus de cabine téléphonique triple, pas de collégiennes en socquettes blanches, de lycéens en duffle-coat.

Nous aurons peut-être plus de chance à Abbey Road. Nous prenons le bus 139 dans Lisson Grove et descendons devant les studios EMI. Clélia s'approche timidement du muret blanc, régulièrement nettoyé, mais pas trop : il faut bien conserver des graffitis pour les touristes. Sur les grilles, quelques bouquets fanés à la mémoire de George. Un couple de Japonais s'immortalise sur le passage piétons. J'attends que la voie soit libre et photographie Clélia.

De tous les lieux londoniens liés à l'histoire des Beatles, Abbey Road est peut-être le seul vestige intact – si l'on exclut certaines des maisons qu'ils ont habitées. Partout ailleurs, le temps a détruit, transformé, bouleversé. À Savile Row, plus de traces d'Apple, même si l'entrée du numéro 3, son perron et ses grilles sont toujours là. Une des maisons où habitait John, au sud d'Emperor's Gate, a été démolie pour laisser place à de nouveaux immeubles. Au 165 Broadhurst Gardens, les studios Decca, où ils vinrent enregistrer une maquette le 1er janvier 1962, ont cédé la place au British National Opera. Dans Baker Street, la façade psychédélique de la boutique Apple a depuis longtemps été repeinte dans des couleurs bourgeoises.

Le passage piétons d'Abbey Road est un endroit fascinant parce qu'il ne s'y passe rien. Des gens traversent, d'autres les photographient, les automobilistes s'arrêtent de bonne grâce. Nous savons que rien d'autre ne *devrait* arriver, et pourtant, nous restons là. Le fan pratique la pensée magique, il attend, parce qu'on ne sait jamais. Le fan est un amoureux transi, mais jamais déçu. Il fait la fermeture, comme le joueur au casino, comme l'enfant sur le carrousel. Allez, encore un tour, le dernier, c'est juré... « Ils » vont apparaître à la porte, descendre le perron, se diriger vers le passage piétons. Paul n'a pas de chaussures. Une Volkswagen blanche est garée sur le trottoir de gauche...

N'empêche, il fait froid, et quand on rouvre les yeux, il ne s'est rien passé. Clélia veut bien continuer à rêver, mais au chaud. Nous sautons dans un bus à destination de Notting Hill et Vernon Yard, la ruelle de Portobello où j'ai rencontré Mary Crooker, un jour de septembre 1973, dans les bureaux de Virgin. Nous remontons Portobello Road, jusqu'à Pembridge Road, mais le restaurant où m'attendait Mary est devenu une boutique. Nous déjeunons à côté, au Twelth House...

Un taxi nous mène de Notting Hill à Earl's Court, un chemin que j'ai fait cent fois pour rejoindre Mary au Troubadour, 265 Old Brompton Road. Le Troubadour est toujours là. Il ressemble à un bistrot hippie d'Amsterdam, sa porte est bariolée, le personnel a les cheveux longs, on donne des concerts à la cave. Comme il y a trente ans.

« Tu l'avais rencontrée comment, ton amie ?

– Elle travaillait chez Virgin. La maison de disques, pas la boutique. C'était quand je vivais avec des musiciens.

– Hum... Quand tu avais une moustache ?

– Ouais.

– T'étais affreux, je te le dis franchement. Heureusement que tu t'es rasé.

– Eh bien, tu vois, ce n'était pas l'avis de Mary.

– Elle était jolie ?

– Il me semble.

– Elle était jolie, oui ou non ?

– Elle était très jolie. C'était une petite Anglaise aux cheveux auburn, très longs et fins.

– Elle avait quel âge ?

– Vingt-deux ans, vingt-trois, à peu près le même âge que moi.

– Je suis sûre qu'elle est encore très jolie.

– Sûrement, mais je crois que je pourrais passer près d'elle sans la reconnaître.

– Elle aussi, tu sais. Elle doit chercher un garçon avec une moustache. Franchement, je me demande pourquoi tu t'étais fait cette tête-là. »

Chapitre 8

Sur la route again

Je m'étais fait cette tête-là sans vraiment y réfléchir. J'avais commencé par laisser pousser mes cheveux malgré les reproches des parents, la suspicion de la police et les insultes des chauffeurs routiers. Peu soucieux de m'attirer les faveurs d'une quelconque de ces corporations, j'avais laissé le poil gagner les joues et le cou, et ressemblais à Jerry Garcia. Le plus étonnant, c'est que cela ne faisait pas fuir les demoiselles.

« Elles étaient bizarres, les filles, à ton époque, remarque Clélia.

– Mais non. Au fond, c'était la mode, rien de plus. Quand on est à la mode, on est toujours beau...

– Pas toi, en tout cas.

– Tu n'as vu que deux photos.

– C'est pas les photos qui sont affreuses, c'est toi !

– Eh bien, vois-tu, je suis sûr que si j'avais été rasé de près, je n'aurais jamais connu Mary.

– Ah bon ? Et pourquoi ?

– Parce que, sans cette tête affreuse, je n'aurais jamais rencontré de musiciens, je n'aurais pas fait de tournée en Angleterre, et voilà... »

J'étais parti un jour de juillet 1970, accompagné de B., une jeune femme qui partageait ma vie lorraine. Nous nous étions postés le pouce levé au bord d'une route qui menait vers le sud. Alors que nous végétions à l'ombre d'un platane de la nationale 7, dans la région d'Aix-en-Provence, une 4L couverte d'autocollants RTL avait pilé devant nous. Le conducteur, un quadragénaire barbu, invita B. à monter à l'avant. Le stop n'est jamais totalement gratuit.

Max Peteau – le barbu quadra – ne travaillait pas du tout pour RTL. Il avait bardé sa voiture de ces autocollants pour tromper la maréchaussée. Il raconta sa vie d'aventure à B. sans jamais m'adresser la parole. En tendant l'oreille, j'appris qu'il avait formé, avec femmes, enfants et amis, la « Tribu du Pop » et assurait l'ordinaire en organisant des concerts pour Cheval Fou, le groupe de ses deux fils. La Tribu avait installé ses quartiers à Lambesc. Quand nous fûmes arrivés, Max nous proposa de passer quelques jours avec lui. B. accepta, et nous découvrîmes les joies et les peines de la vie en communauté.

La fin des vacances nous ramena en Lorraine, où je venais d'accepter un poste d'instituteur. Je me consolai de cette activité triviale en me transformant en tête de pont de la contre-culture. Je diffusais, dans les Maisons de la presse de la région, des magazines dont l'économie et l'idéologie excluaient le recours au circuit des NMPP : *Tout, Le torchon brûle, Zinc, Anathème* et, depuis peu, *Le Pop*, une feuille que Max Peteau publiait quand il trouvait un imprimeur téméraire. *Le Pop*, s'inspirant de la *free press* américaine, faisait l'inventaire de la grande fête « parallèle » qui se jouait tous les jours quelque part en France au début des années 1970.

B. et moi profitâmes des vacances scolaires pour rejoindre la Tribu dans la région parisienne. Elle s'était installée dans une villa appartenant au peintre Olivier

Mosset, un cube blanc posé dans un champ voisin de Montlhéry. Une fois de plus, Max s'intéressa peu à moi. Il disparut un certain temps, ainsi que B. Je m'évertuai à rester beau joueur. Sans elle, je n'aurais peut-être jamais pénétré les arcanes de la France underground des années 1970.

Je profitai de mon oisiveté forcée pour visiter la cave de la villa. Elle était décorée de tableaux de Mosset – c'était l'époque où il avait peint deux cents fois la même toile, un cercle noir au centre d'une toile blanche. Elle servait aussi de lieu de répétition à Crouille Marteau, le groupe de Pierre Clémenti et Jean-Pierre Kalfon, dont le matériel était posé sur une petite estrade.

Oubliant mon inquiétude jalouse, j'allai caresser les instruments. J'avais toujours été fasciné par les guitares. Là, c'était le grand jeu : des amplis, dont un Orange à lampes à tête séparée, des Fender, une Precision Bass et une Stratocaster, celle que George Harrison dessinait sur ses cahiers au collège et qui a fait rêver toute une génération. McCartney se souvient que, dans sa jeunesse, elles représentaient le nec plus ultra. « Aujourd'hui encore, dit-il, j'ai l'impression que je n'ai pas les moyens de m'en offrir une, alors que, si l'envie m'en prenait, je pourrais sans problème acheter l'usine. » C'était comme si on m'avait donné les clés de Paul Beuscher. Je restai à rêver dans la pénombre de la cave, laissant B. resserrer nos liens avec la Tribu.

De retour en Lorraine, je demandai à un camarade carrossier de repeindre ma 2CV en violet et rose. Un ami professeur de dessin reproduisit sur le capot du coffre le logo du *Pop*, dans un lettrage pop art. Mes cheveux étaient très longs, j'avais troqué ma barbe pour un bouc, je portais des chemises de satin bariolé et une veste étriquée en velours vert bouteille constellée de cerises. Mon père me boudait.

Au cours de l'été 1972, un important festival pop se tint à Metz. C'est là que, grâce à l'intérêt qu'il porta immédiatement à B., je fis la connaissance de Francis, alias Venux De Luxe, sonorisateur de Gong, grand hidalgo aux longs cheveux de jais qui caressait les curseurs de sa table de mixage tout en roulant une cigarette d'une seule main. Le bougre disposait d'un matériel impressionnant : une sono Golden Sound avec une table à 24 voies et une chambre d'écho Binson.

Ce jour-là, je découvris Il Rovescio della Medaglia, un Hawkwind à la sauce au pistou, qui chantait du Hegel. Ce détail passait cependant inaperçu, le défi des Italiens étant surtout de défendre leur titre de « groupe le plus fort » de la planète. À cet effet, ils disposaient d'un mur d'amplis Semprini de 6 000 watts – un record pour l'époque. Leur musique rappelait le décollage du Concorde. Malgré le bruit, B. parvint à échanger des adresses avec son nouvel ami Venux.

À l'automne 1972, je renonçai à encombrer les rangs de l'Éducation nationale. B. et moi nous sentions prêts à affronter la vie communautaire. Nous partîmes avec une nouvelle 2CV fuchsia et rose et quelques billets de cent francs vers le Vaucluse, où nous attendait Cheval Fou. La Tribu du Pop avait élu domicile dans une ferme, au pied des dentelles de Montmirail. Pour l'atteindre, il fallait emprunter une piste boueuse à la sortie de Vacqueyras, longer l'ancienne station thermale et grimper dans les collines.

À la ferme Laget, la Tribu s'était préparée à passer l'hiver sans électricité ni chauffage. Un amas de couvertures et quelques feus de bois avaient entamé une lutte inégale avec le mistral. Sous un appentis, Cheval Fou avait installé une salle de répétition. L'électricité était fournie par un groupe électrogène. J'appris à monter des pieds de micro, rouler des câbles, charger un camion : le B.A.-BA du métier de road manager. (Le road manager – on dit « roadie » ou « road » – règle les détails de la vie d'un groupe en tournée : acheminement des musiciens et du matériel, maintenance des instruments, installation de la scène. Il est également chauffeur, doit savoir accorder des guitares et une batterie, régler les pieds de micro à la hauteur requise, réparer les petites pannes, souder, remplacer en quelques secondes un câble déficient. Il est aussi chargé des miracles : dénicher les restaurants ouverts après minuit l'hiver en province, trouver du café, des cigarettes, du bicarbonate de soude à n'importe quelle heure du jour et de la nuit.)

Ce fut un automne maussade et humide. Quelques mois plus tard, la Tribu déménageait. Max regagna Paris avec les adultes. Cheval Fou redescendit dans la vallée, à Vacqueyras, dans une maison équipée d'électricité et de chauffage. Le propriétaire leur en offrait la jouissance gratuite en échange de travaux de restauration, qui n'avançaient guère. La musique passait avant tout et, dans la grange, Cheval Fou peaufinait ses incantations, sous l'impulsion de Stéphane, batteur égyptophile et admirateur de Kobaïa, la planète au langage guttural de Christian Vander, leader de Magma.

Mes études de roadie progressaient. Cheval Fou disposait maintenant d'une « petite » sono Golden Sound (12 voies seulement) et d'une Binson, comme Gong. J'étais monté en grade : je sonorisais. Pendant des heures, je tripotais des bandes magnétiques lues à l'envers. Les nuits de pleine lune, de longs râles psychédéliques montaient vers les dentelles de Montmirail.

Parfois, Cheval Fou décrochait un contrat. Nous embarquions le matériel dans un Tube Citroën qui laissait derrière lui un ruisseau d'huile. Cheval Fou jouait dans des fêtes de village ou des festivals hasardeux. Le public, clairsemé, s'efforçait d'entrer sans payer – un jeu d'enfant, la scène étant le plus souvent installée dans un champ ouvert à tout le monde et desservi par un mauvais chemin où les camions s'embourbaient.

Il était préférable de se faire payer avant : le moment des comptes venu, les organisateurs avaient souvent disparu. Nous repartions avec de quoi acheter assez d'huile pour que le Tube ne meure pas. Le lendemain, il fallait expliquer à l'épicière de Vacqueyras que nous avions besoin d'un sursis et de ravitaillement.

Lors d'un de ces festivals, à Gigondas, j'aperçus, assis en tailleur sur la bordure d'un trottoir, un saddhu vêtu de blanc qui tirait des sons intergalactiques d'un instrument couvert de boutons. La machine était un des premiers Moog, l'ancêtre incontrôlable du synthétiseur. Le fakir s'appelait Lionel Magall, dit Renard. Il régnait sur Crium Delirium, une communauté de musiciens qui s'était inspirée des expériences de la Hog Farm et avait fait le voyage à Katmandou.

Le réel n'avait aucune prise sur Crium. Le groupe, en permanence au-delà du dépôt de bilan, était toujours renfloué *in extremis* par Renard, qui avait conservé des relations dans le mécénat underground parisien et revenait régulièrement chargé de liasses salvatrices.

Les gens de Crium étaient extravertis, très éloignés de la gravité compassée de Cheval Fou et de son message égypto-cosmique. Même si leur musique ne dépassait pas le stade du chaos sonore, elle respirait la bonne humeur. Par ailleurs, Crium était l'auteur de la seule chanson jamais dédiée aux roadies, un hymne qui avait réveillé ma fibre corporatiste et que je reprenais à l'unisson :

« *C'est nous les road managers*
Comme les papillons butinent les fleurs
Nous transportons les amplis à vapeur. »

B. et moi avions envie de changer d'air. Nous nous séparâmes de Cheval Fou pour partager un temps la vie de Crium. Après quelques semaines, je compris mieux la présence du mot Delirium. Passant d'un château en ruine à une ferme au toit transpercé de gouttières, nous menions une existence précaire. Entre deux voyages de Renard chez ses mécènes, notre ordinaire se résumait souvent à quelques fruits et légumes gâtés, récupérés en ville au départ des maraîchers, accompagnés de chapatis, des galettes indiennes composées de farine, de sel et d'eau, selon une recette que m'avait apprise mon distingué ami Jean-Pascal.

Empereur incontesté du VCS 3, Jean-Pascal n'avait jamais renoncé à un veston pied-de-poule moutarde. Quoique chevelu, il s'efforçait, comme moi, de conserver une allure normale. Notre relative sobriété nous valait d'être mis à contribution par Crium dans les situations délicates : amadouer un commerçant, solliciter un nouveau crédit chez l'épicier.

B. s'épanouissait dans cet univers. C'est à peine si je reconnaissais la jolie campagnarde lorraine que j'avais rencontrée trois ans auparavant, quand elle menait une existence frugale auprès de sa grand-tante de quatre-vingt-trois ans dans un village voisin de Longwy. B. avait adopté le patchwork Liberty, le lourd velours frappé, les chapeaux à large bord, les foulards de bohémienne et arborait tous les bijoux imaginés par l'artisanat hippie. Elle était devenue experte en divination par le tarot et cuisinait le boulgour comme personne.

Après l'entraînement commando que nous avions suivi avec Crium, B. et moi étions prêts à tout affronter. Nous reprîmes la route, changeant de groupe au hasard des concerts, allant de communauté en communauté au gré de notre humeur. Quelques mois plus tard, nous croisâmes à nouveau la route de Gong. Venux De Luxe nous invita à poser nos baluchons et me proposa de lui porter assistance.

Le groupe vivait dans un pavillon de chasse, au fond d'une forêt bourguignonne, à quelques kilomètres de Sens. Après les campements précaires et les fermes cévenoles sans eau courante que nous avions partagés avec Crium, Gong nous sembla une oasis de luxe et de paix.

C'était notre premier groupe « sous contrat ». Il avait plusieurs disques à son actif et partageait, avec Magma, la tête d'affiche de festivals et de concerts qui drainaient un public important. Gong ne roulait pas sur l'or, mais il vivait de sa musique.

Le Pavillon du Hay ressemblait à une résidence secondaire normande. Les derniers travaux de décoration remontaient au Second Empire, mais la maison était confortable, chauffée et éclairée. Dans la grande cuisine qui avait autrefois abrité les agapes des chasseurs, nous prenions des repas à base de sésame, de riz complet, de légumes et de fruits.

Ce palace disposait de vastes dépendances transformées en salle de répétition. Il y avait là du matériel lourd, un équipement de professionnels. J'y passais l'essentiel de mon temps.

En échange de mon travail, on ne m'avait rien proposé, sinon le gîte et le couvert. Venux De Luxe savait que j'aimais m'occuper des instruments, pouvais conduire le camion, monter une scène, et il allait avoir besoin d'aide. Il lui arrivait de louer son matériel et son savoir-faire de sonorisateur. Cette fois, il était sur un coup important, le premier festival de Tabarka, en Tunisie, organisé par Lotfi Belhacine, futur créateur des clubs Aquarius et d'Air Liberté.

L'affiche était alléchante : des groupes pop, des orchestres arabo-andalous, mais aussi deux superstars, Miles Davis et Juliette Gréco. Le festival offrait le voyage et l'hébergement dans un des villages de bungalows construits pour la circonstance. Nous vécûmes quelques semaines de quasi-vacances sous le soleil tunisien. Venux De Luxe m'avait accordé le privilège de l'assister. Je me fis la main sur quelques groupes obscurs, pas toujours à leur avantage.

Le jour du concert de Miles Davis, son *stage manager*, un immense hippie à catogan, s'approcha de la sono Golden Sound – celle qui faisait tant rêver les groupes français – et lui jeta un regard apitoyé.

J'étais monté sur scène, pour aider à l'installation des micros. Le groupe de Miles était équipé d'amplis Ampeg dernier cri. Au moment de la balance, les roadies avait tourné les potentiomètres à fond, une tornade sonore avait tout balayé : le son des amplis couvrait celui de la sono.

Le road de Miles hocha la tête. Il resta quelques minutes auprès de Venux, qui tentait d'endiguer le flux, puis renonça, et on ne le revit plus. J'avais le sentiment d'écoper un pétrolier à la petite cuillère. De toute façon, on aurait pu éteindre la sono, elle ne servait plus à rien.

Après une longue intro, Miles Davis fit son entrée. Il se posta, dos tourné au public, face à son ampli, souffla dans sa trompette pendant une quarantaine de minutes sans reprendre sa respiration et repartit sans saluer. Les notables, assis en tailleur sur des coussins installés au premier rang, étaient pétrifiés. Ils refusaient d'admettre que le spectacle était fini. Sur scène, les roadies avaient commencé à démonter le matériel. Je les rejoignis pour ranger mes micros et rouler mes câbles. Une dame demanda poliment si c'était terminé. Une autre me jeta : « Vous travaillez pour ces gens-là ? » Je répondis fièrement que oui.

La tiédeur tunisienne avait resserré les liens entre Venux et B. J'étais partagé entre le code du moment qui exigeait un libéralisme absolu en matière de sexualité et un penchant naturel à la jalousie. B. et moi étions ensemble depuis quatre ans, j'avais été d'une fidélité sans faille, même si la tentation m'avait souvent effleuré. Nous abordions une cinquième année de vie commune sans réelle conviction et aucun projet d'avenir. Je décidai de faire bungalow à part.

Je ne me passionnai plus que pour le son, les techniques d'enregistrement et un apprentissage laborieux de la basse dès que le studio était vide. J'étais devenu un supporter fanatique de Gong. Je n'avais jamais rien entendu de semblable, et surtout pas sur les scènes françaises. Gong était ailleurs, plus loin, plus haut, jouait une musique digne des grands Anglo-Saxons que j'admirais. Le groupe était aussi un des acteurs les plus actifs de la contre-culture. Il s'adressait à ceux qui pensaient que la musique allait changer le monde, un message suffisamment vague pour que chacun y glisse ses propres rêves.

Daevid Allen, le leader (une appellation qu'il réfute), Australien illuminé, membre fondateur de Soft Machine, compagnon de route des beatniks, approchait la quarantaine. C'était un grand lutin efflanqué, aux longs cheveux blonds et à la barbiche caprine, vêtu de fourrures et de velours, un transfuge de *Star Trek* passé chez les hippies. Il avait inventé un univers, la Planète Gong, où régnaient les *Octave doctors* – un conseil de l'ordre musical –, peuplée de *pothead pixies* – des trolls fumeurs de cannabis, coiffés d'un chapeau à la Merlin surmonté d'une petite hélice, et qui se déplaçaient en théières volantes[20].

Daevid Allen jouait de la guitare à l'aide d'un instrument de dentiste (l'« *aluminium croon* ») utilisé comme un *bottleneck*. Il était – il est toujours – le roi du glissando. Au début des années 1970, il avait réuni un des meilleurs *line-ups* que le groupe ait connus : sa compagne de longue date Gilli Smyth, alias « Shakti Yoni », spécialisée dans le gémissement spatial, le saxophoniste Didier Malherbe (« Bloomdido Bad De Grass »), le « Submarine Captain » Christian Tritsch à la basse, Pierre Moerlen à la batterie et Tim Blake au synthétiseur[21].

La musique de Gong formait un univers complexe, alternant nappes cosmiques, orages funk, tornades free, mêlant occultisme, sexe, musique et politique. Je ne comprenais pas toujours ce que voulait dire Daevid, mais j'étais sous le charme, au sens le plus fort, de sa musique. Chaque concert était un voyage différent, dont je revenais dans un état de totale relaxation.

Lorsqu'il m'arrivait de goûter aux nombreux psychotropes qui circulaient dans le Pavillon du Hay, je scrutais le ciel pour apercevoir la Planète Gong, « juste sous la lune ». Je l'avais vue, j'étais formel, un soir de grosse fatigue à Tabarka, et je n'aspirais qu'à la retrouver. Dans le silence de la nuit, au milieu de la forêt, je m'éloignais de plus en plus de la Terre. Daevid Allen, qui avait noté ma propension aux bouffées délirantes, me rebaptisa Jack The Tripper. J'étais désormais un membre de la Planète à part entière. Venux m'intronisa road manager de Gong au même titre que David Id, un jeune Anglais de Basildon, et Duke, un cow-boy de Boulder, Colorado. *I was in.*

Le temps du Tube de Cheval Fou était loin. Gong possédait un Ford Transit blanc surélevé presque neuf. Duke, David et moi nous relayions au volant. Ceux qui ne conduisaient pas assuraient le bien-être de la cabine. Un magnétophone Uher à bande diffusait le premier album de Matching Mole en alternance avec *May I* par Kevin Ayers, et *American Pie* par Don McLean. Duke s'évertuait à m'expliquer ce que signifiait « *drove my Chevy to the levee* ».

Gong avait le vent en poupe. Il venait d'être signé par Virgin. À l'automne 1973, après avoir chargé le Transit, nous prîmes la direction de l'Angleterre où le groupe devait effectuer une tournée. Le beau camion nous joua un mauvais tour et tomba en panne sur une aire d'autoroute proche de Péronne. Je revins à Paris pour louer un fourgon. Le lendemain, après avoir transbordé le chargement du Transit, nous reprîmes la route de l'Angleterre.

Quelques heures plus tard, dans les bureaux de Virgin Records, je me retrouvai en face de Mary Crooker.

Chapitre 9

La question des noix de coco

Vendredi 1er mars. L'après-midi

Clélia contemple la porte du Troubadour. Trente ans, trois fois sa vie… C'est un temps qu'elle mesure mal.

« Et si on allait où elle travaillait ?

– Tu sais, depuis, les gens ont dû changer. J'ai déjà essayé, une fois, il y a longtemps. Mary ne travaillait plus chez Virgin. Quelqu'un m'a dit qu'elle s'était mariée, et qu'elle était partie.

– Tu aurais pu lui téléphoner…

– Je n'avais pas son numéro. »

Né au temps du 22 à Asnières, je n'imaginais pas le téléphone autrement que comme un accessoire de bureau, une sonnette reliée directement aux pompiers et à Police Secours, une machine réservée à l'acheminement des mauvaises nouvelles. Pour rester en contact, il y avait le courrier, qui semblait encore emprunter la malle-poste dès lors qu'on écrivait à l'étranger. Alors, il fallait prendre son mal en patience. La distance était un aléa que l'on affrontait comme un terre-neuva, en acceptant le risque de n'avoir pas été oublié, comme un brave marin revenant de guerre, tout doux…

Qu'avait-elle fait, Mary, pendant ces trente années ? Avait-elle seulement pensé à moi, un peu ? Quel souvenir avait-elle gardé du Français fou qui courait dans Londres pour la couvrir de billets doux et de baisers ?

Une fois de plus, je suis venu buter sur une plaque de rue, une enseigne, une station de métro. Je fais un piètre enquêteur, sans doute à dessein. Ce serait affreux que, soudain, la réalité vienne secouer la douce torpeur du souvenir.

Je prends Clélia par la main et nous remontons vers Earl's Court. D'autres fantômes nous attendent, autour des studios de Twickenham, où Richard Lester a tourné de nombreuses scènes de *Help !* et *A Hard Day's Night.*

D'abord, quelques façades, aujourd'hui anonymes, celles des numéros 5, 7, 9 et 11 de Ailsa Avenue, qui servirent d'extérieurs aux maisons de *Help !* Puis, au fond de Winchester Road, une impasse étroite bordée de petits pavillons, le Turks Head, où Lester a filmé la scène du pub de *A Hard Day's Night.*

Il est à peine cinq heures de l'après-midi, et la clientèle, encore peu nombreuse, boit raisonnablement sa bière.

« Vous avez de la chance, me glisse une serveuse, il y a, dans la salle du fond, sous le jeu de fléchettes, un client qui a été *extra* dans le film. »

La nouvelle me réjouit, mais je vais vite déchanter. Le figurant est un vieil homme aux joues couperosées et au nez fleuri, attablé seul devant un verre de vin. Nous nous asseyons près de lui. J'explique à Clélia que « le monsieur, là, non, on ne montre pas du doigt, oui, celui-là, avec des lunettes à double foyer » a participé au tournage de la scène du pub. Clélia dévisage l'homme, revient à son *ginger ale* et, après s'être assurée de ne pas être entendue :

« T'es sûr ?

– C'est la barmaid qui me l'a dit.

– Je ne le reconnais pas.

– Après tant d'années, c'est normal. »

Moue sceptique de Clélia.

J'essaye d'engager la conversation avec notre voisin. Il hoche la tête, marmonne « Ça fait une paye » et retourne à son verre de vin.

Un des clients s'approche de nous et, désignant notre voisin, lance d'une voix narquoise : « Vous savez, c'est une vedette. »

L'ex-figurant n'a pas bronché.

Dans le train qui nous ramène à Henley, Clélia et moi restons silencieux. L'escapade londonienne sur les traces des Beatles nous a laissés sur notre faim. Autant Liverpool vibrait de leur présence, autant Londres les a oubliés. Ils sont rangés au magasin des accessoires, comme chez Madame Tussaud, entre Nelson, Cromwell, Beckham et la famille royale.

Toute l'histoire est à Liverpool, dans les ruelles, les pubs, sur les docks, dans des salles de cinéma de quartier. À Londres, il ne s'est pas passé grand-chose : la gloire, ce n'est rien. Du bruit, des cris, quelques évanouissements, des excentricités. Beaucoup de stupéfiants, rien d'étonnant.

C'est notre dernière soirée au Red Lion. Nous avons tenté, sans succès, d'identifier le figurant du Turks Head sur le DVD de *A Hard Day's Night.* Sur les bonus du disque, des membres de l'équipe racontent leurs souvenirs du tournage. De tous les acteurs du film, David Janson, le jeune garçon qui croise le chemin de Ringo sur la rive de la Tamise près du pont de Kew, est le seul qui ait conservé son visage d'enfant.

Demain, à la même heure, nous serons en France. Demain, il faudra reprendre la route, monter sur le bateau, quitter l'Angleterre. Demain, la fête sera finie.

Nous avons rangé le DVD, préparé les bagages. Clélia regarde la télévision.

« J'ai pas envie de partir…

– Le bateau est à deux heures. Nous avons encore le temps de faire plein de choses. Demain matin, nous irons voir le château de George.

– Oui.

– Tu as envie de le voir ?

– Oui.

– Dimanche, tu seras avec maman.

– Oui.

– Ça va ? »

La réponse tarde à venir.

« Oui. »

Samedi 2 mars

Toutes les équipes d'aviron d'Angleterre se sont donné rendez-vous sur la Tamise. C'est un samedi comme les autres à Henley. Nous avons chargé la voiture, mais, avant de partir, il nous reste à rendre une visite aux mânes de George Harrison. Nous ignorons toujours où se trouve Friar Park, sa propriété. Le gérant du Red Lion me jure n'en rien savoir. Vraiment ? Un château néo-gothique de cent vingt pièces ? Non, ça ne lui dit rien.

« Il paraît que l'endroit était tellement bien gardé qu'on l'appelait "Fort Knox". »

Le gérant hoche la tête. Non, il ne voit pas. Les Anglais sont d'une élégance inimitable quand il s'agit de mentir.

« Nous allons demander à un policier…

– On ne vous dira rien… Vous savez, de son vivant, des tas de curieux rôdaient autour de sa propriété. Quand un fou a tenté de le poignarder, les gens de Henley ont décidé de ne plus jamais donner son adresse.

– Je comprends. Mais maintenant, c'est différent, avouez qu'il ne risque plus rien... »

L'hôtelier ne trouve pas ça drôle. Cependant, il accepte de lâcher une information. Selon lui, c'est au sud-est, de l'autre côté de la Tamise. Je le remercie chaudement et retourne à mes plans, qui indiquent une Friar Park Road à la sortie ouest de la ville.

En quelques minutes, nous nous retrouvons en rase campagne. Pas l'ombre d'un château, aucun mur d'enceinte, rien que des fermes, un manège de chevaux et un golf. Nous faisons demi-tour sur le parking du golf, et je hèle le premier passant venu. Courtois, il m'explique que le château de George se trouve à l'entrée de Henley, sur la gauche. Nous rebroussons chemin.

L'entrée de Friar Park, c'est une grille fermée, une maison de gardien elle aussi néo-gothique et une allée de bitume rouge qui s'enfonce entre de hauts arbres. Impossible d'apercevoir quoi que ce soit. Nous tentons de contourner la propriété, mais la rue voisine se perd dans une zone pavillonnaire en cul-de-sac. Nous revenons à la grille. Une armoire à glace équipée d'une oreillette nous observe. Je l'interpelle. Oui, c'est bien la propriété de Monsieur Harrison. Non, on ne visite pas. Non, il n'existe aucun endroit d'où l'on puisse la voir.

Nous avons retraversé Henley, qui se préparait à un week-end ensoleillé, et franchi la Tamise, direction Portsmouth.

« Nous reviendrons, tu sais, ai-je dit à Clélia.

– Oui, mais, quand même, j'ai pas envie de partir.

– Il faut bien rentrer un jour. Et puis, tu vas rejoindre ta maman, tes copines.

– Les copines..., maugrée Clélia.

– Je te promets que si c'est possible, nous reviendrons aux vacances de Pâques.

– De Pâques. Tu te rends compte ? C'est loin !
– Mais non. Un mois et demi, peut-être.
– C'est bien ce que je dis. C'est loin. »

Je joue la grande personne raisonnable, mais, pour moi, bien plus que la fin des vacances, c'est la fin de la vie de famille. Lundi soir, Clélia dormira chez sa maman, jusqu'au prochain week-end, jusqu'aux prochaines vacances.

Je ne me suis jamais habitué à cette succession de retrouvailles et de séparations, mais je me dis que ma situation n'est pas pire que celle d'un pêcheur d'Islande, d'un para qui saute sur Kolwezi ou d'un voyageur représentant placier. Puisqu'il faut que le cœur se brise ou se bronze, bronzons. Mais les premiers jours sont durs. Rien n'est plus ennuyeux que de s'occuper de soi.

J'ai eu la chance de passer cinq mois entiers avec Clélia. Le jour où elle est retournée chez sa maman, un épais silence s'est emparé de la maison, étouffant tout, le son de la télévision, la musique, le bruit monté de la rue.

J'avais pris l'habitude de me lever tôt pour faire son petit déjeuner et veiller à ce qu'elle n'oublie rien avant d'aller en classe. Je savais qu'elle serait de retour quelques heures plus tard. Je revivais les après-midi d'enfance passées auprès de ma mère, quand je la regardais faire la vaisselle, balayer, ranger, épousseter, coudre, remplir la lessiveuse dont le champignon crachait son eau fumante. J'avais adopté un nouveau rythme de vie, multipliant les lessives, les séances de repassage. Je me mettais au travail joyeusement.

À 16 h 30, je faisais chauffer du lait, glissais deux tranches de pain de mie – anglais – dans le toaster, préparais un plateau. Vers 16 h 40 – 15 h 40 le lundi – un bref coup de sonnette m'avertissait de l'arrivée de Clélia. Je déverrouillais la porte d'entrée. Grizzly, la chatte, l'entrouvrait du museau, allait à sa rencontre. Je finissais de beurrer les toasts et ajoutais une fine couche de confiture de fruits rouges.

Après le goûter, Clélia faisait ses devoirs, s'efforçant d'avoir le moins possible recours à mon assistance. Le pensum terminé, elle mettait de la musique et dansait sur *Slippin' and Slidin'* à en perdre le souffle.

Parfois, elle disparaissait dans la salle de bains, puis s'activait dans la cuisine. J'avais interdiction absolue d'y entrer. Une odeur de pâtisserie se répandait dans l'appartement : Clélia faisait des cookies. C'était sa surprise, et il était hors de question que je m'en aperçoive avant qu'elle ne les apporte, encore chauds, disposés sur une assiette.

Lorsque le temps s'y prêtait, que les devoirs étaient terminés et que nous avions quelques heures devant nous, nous allions flâner sur les Grands Boulevards, une promenade qui comprenait deux passages obligés : le mégastore Virgin et le pub irlandais de l'angle de la rue Montmartre. Chez Virgin, nous surveillions la sortie de nouveaux épisodes de *Chapeau melon* – nous disions « les *Avengers* ». Au pub, Clélia buvait une limonade, moi une demi-pinte de Guinness : c'était notre parenthèse anglaise.

Notre vie de famille était parfois troublée par mes cris et mes protestations. Il était question de désordre, de chambre à ranger, de cartable transformé en poubelle. Je faisais une poussée d'autoritarite, combinée avec un accès d'éducationnite. Prudente, tel un chat qui a flairé la mauvaise humeur de son propriétaire, Clélia s'éclipsait et passait la soirée à transformer sa chambre en appartement modèle. Je gardais un visage fermé, j'avais les zygomatiques douloureux. J'étais accablé à la pensée d'être le portait craché de mon père grognon, mais il n'était pas question de revenir en arrière. Qui aime bien châtie bien, etc. Et puis, il faut bien que rangement se passe.

Clélia partie, l'ordre avait recommencé à régner. Plus rien à ramasser, plus une seule occasion de me mettre en colère. Je regrettai le temps où je suivais, dans la maison, son sillage de Petit Poucet désordonné. Il y avait moins de couverts sur l'égouttoir, la vaisselle se faisait plus vite. La salle de bains ne servait plus de cuisine clandestine. À l'heure du goûter, je prenais mon thé seul en mastiquant un toast. J'attendais le coup de sonnette de 16 h 40.

De Henley à Portsmouth, nous avons traversé une Angleterre douce, toute en jardins. Le soleil chauffait l'habitacle. Le printemps avait choisi le jour de notre départ pour s'installer dans le Hampshire.

Quand le ferry a levé l'ancre, nous sommes restés sur le pont, passant d'un bord à l'autre pour faire nos adieux à l'Angleterre. La Manche était presque bleue. Une flottille de vedettes et de voiliers nous a accompagnés jusqu'à la sortie de la passe. Les plaisanciers agitaient leurs mains en signe d'au revoir.

Sachant que le capitaine serait intraitable et refuserait de faire demi-tour, Clélia a préféré s'enfermer dans la cabine, pour ne pas voir la côte s'éloigner. Elle a allumé la télévision. Les programmes étaient anglais, comme la boutique, les gadgets, les alcools et le menu du restaurant. Le *Pride of Portsmouth* nous accordait un sursis : un peu d'Angleterre flotterait autour de nous pour quelques heures encore.

Un peu avant la tombée de la nuit, nous sommes descendus au Club Class Lounge. Clélia a préparé du thé et du chocolat. J'ai parcouru les journaux du week-end.

Un lecteur du *Spectator* revenait sur les problèmes de vessie du jeune officier empêché de se soulager pour cause de protocole. Il contestait la réponse de « Mademoiselle Bonnes Manières » publiée dans le numéro précédent.

« Votre solution, écrivait le lecteur, ne peut convenir

qu'aux régiments écossais, où l'on peut profiter des kilts et de l'énorme aumônière pour installer l'appareil que vous recommandez. Dans n'importe quel autre régiment, les officiers portent des pantalons très ajustés munis de sous-pieds passant sous leurs bottes. Votre solution supposerait de porter des bottes trop grandes pour y disposer votre réservoir, au risque, s'il venait à crever, de répandre une forte odeur à base de sécrétions corporelles et de cirage. J'aimerais savoir de quel régiment vient ce monsieur et comment on a pu y accepter quelqu'un dépourvu à ce point de force morale et affligé d'une vessie qui manque de contenance. Une contenance qui, alliée à un foie à toute épreuve, a longtemps été la marque d'un parfait gentleman. »

Ces remugles de caserne ne troublaient pas Mary Killen. « Je ne peux que vous approuver quand vous affirmez qu'une vessie tonique est la marque d'un vrai gentleman, répondait-elle. Cependant, on rencontre aussi de vrais gentlemen dotés d'une nature artistique, voire sensible, qui peuvent, en de telles occasions, se laisser déborder par leur imagination. D'ailleurs, lorsqu'ils sont en situation de se soulager, ils s'aperçoivent souvent que leur envie était bien moins forte qu'ils ne l'avaient cru. Quoi qu'il en soit, le système "Urisleeve" des laboratoires Bard est conçu pour s'ajuster parfaitement à la partie de la jambe concernée et sa présence est indétectable. Peut-être êtes-vous secrètement concerné par ce sujet ? Pourquoi ne pas composer le 0800 591783 et prendre conseil auprès d'une infirmière ? »

« Qu'est-ce qui te fait rire ? demande Clélia.
– C'est le courrier du *Spectator*.
– Et alors ?
– Hum... C'est difficile à expliquer.
– Vas-y quand même. »
Je tente de résumer l'histoire.
« J'ai rien compris.

– C'est normal. C'est un peu une conversation entre le prince Charles et Benny Hill.

– Et c'est drôle ?

– Oui. C'est comme la question des noix de coco au début de *Sacré Graal*.

– Ah, tiens, j'aimerais bien le revoir.

– On le regardera demain, à la maison.

– Merci, c'est gentil de me rappeler qu'on rentre. J'avais presque oublié.

– Et pourtant… Regarde… »

Je lui montre, à l'horizon, les falaises blanches du pays de Caux. Elle détourne les yeux, je sens qu'elle prie fort pour que tout cela n'existe pas. Nous regagnons la cabine, Clélia rallume la télévision et, jusqu'au moment où nous accosterons, elle ne dira plus un mot. Nous avons le même défaut : nous nous séparons avant même d'être séparés. C'est le silence des dimanches soir, celui des fins de fête. Sans le vouloir, nous nous dérobons des heures précieuses.

Moins d'une heure plus tard, nous avons rejoint Le Havre. Nous prenons la direction de Paris, soudain rattrapés par la *furia francese*. Des noctambules énervés nous dépassent par la droite. Je me range prudemment derrière un Britannique qui cherche son chemin dans la ville triste. Clélia s'est réfugiée à l'arrière de la voiture. Je l'entends sangloter.

Quelque chose d'étrange traîne dans l'air : des intonations rudes, une brutalité dans certains gestes. Des gens nous invectivent parce que nous n'avançons pas assez vite. Nous voilà de retour au royaume des appels de phare, du juron et des boutiquiers qui ne saluent pas. Je mets les Beatles, *Help !*, mais personne ne reprend les chansons à l'unisson. Le voyage à Liverpool, c'est fini.

À la maison, Clélia écarte le rideau et contemple Paris la grise.

« À Londres, un coup de klaxon en un jour et aucune crotte de chien. Ici…

– Dis-moi, il est une heure du matin. Tu n'as pas sommeil ?

– Non. Il est seulement minuit en Angleterre. C'est pour ça. »

Elle a étalé ses souvenirs sur la moquette et replie soigneusement un des sacs plastique de la Beatles Shop.

« Nous avons fait un beau voyage, hein ?

– Oui. Dommage que ce soit fini.

– Ça te ferait plaisir d'y retourner ?

– À ton avis…

– En plus, il y a des tas de choses que nous n'avons pas vues.

– Quoi, par exemple ?

– Des maisons près de Londres. Celle de Paul en Écosse.

– Il habite en Écosse ?

– Oh, il a plusieurs maisons, mais je sais qu'il a une ferme en Écosse. Tiens, regarde. »

J'ai déplié la carte du Royaume-Uni.

« Tu vois, il habite par ici. Il a même fait une chanson qui s'appelle *Mull of Kintyre.*

– Elle est bien ?

– Elle devrait te plaire, c'est plein de cornemuses.

– T'es déjà allé en Écosse ?

– Non. On pourrait y aller aux prochaines vacances.

– Et pas à Liverpool ?

– On peut faire les deux. Tu veux toujours habiter là-bas quand tu seras grande ?

– Oui. Près de chez John, c'est bien. Et si j'ai assez d'argent, je rachèterai sa maison. »

Chapitre 10

Papa promenade

J'ignore comment on éduque un garçon. J'imagine qu'il faut se montrer exemplaire, lui proposer quelque chose qui participe de la Légion étrangère, du PSG et du Code civil. Forger une âme noble, à la force morale inaltérable.

Je n'ai jamais été tenté de façonner ma fille, j'essaie de deviner où est son chemin. C'est elle qui m'a pris par la main, bien avant le voyage à Liverpool. Je suis son éclaireur. Je tape du pied pour faire fuir les serpents, la précède, machette à la main, quand les ronciers se font trop denses. La nuit, je serre sa main plus fort, lui jure que je n'ai pas peur et chante des âneries jusqu'à ce que nous retrouvions notre route.

L'éducation de Clélia, c'est le partage. Je lui raconte ce que je crois, elle me parle de ce qu'elle sait. Nous apprenons de concert, et c'est une bonne école.

Je ne vis pas avec elle, mais nous ne nous quittons jamais. Moins on voit son enfant, plus on passe de temps avec lui, et tout devient fête. Dès que Clélia a été en âge de monter sur un manège, nous avons sillonné la province française en quête de fêtes votives, de feux de la Saint-Jean, nous sommes allés partout où je savais trouver un carrousel, une pêche aux canards et des pommes d'amour. En chemin, nous visitions des églises, des monastères, des châteaux forts, des jardins. À cinq ans, Clélia connaissait la vierge d'Orcival, le tympan de Conques, le chant des oiseaux au Crotoy, le cap Blanc-Nez, le château de Boussac, la Dame à la Licorne et la Débredinoire de Saint-Menoux[22].

Je ne lui ai rien épargné, pas même les devoirs de vacances. Nous avons « fait » les Gaulois (Alise-Sainte-Reine, le mont Beuvray et Gergovie), les hommes préhistoriques (Les Eyzies, Lascaux, Cro-Magnon), les neiges éternelles (le tour du Cervin en hélicoptère – terrifiant !).

Clélia savait tempérer ma manie de joindre la leçon à l'agréable. Un soir, place Vendôme, elle m'interrompit au milieu d'une péroraison sur l'architecture du XVIIe siècle et trancha :

« C'est beau. Et puis, c'est bien pour faire du roller... »

Une autre fois, alors que je lui demandai, au téléphone, si elle avait des devoirs pour le lendemain, elle me répondit en soupirant :

« Juste du français, mais c'est un truc barbant.

– Quoi donc ?

– Les textes fondateurs.

– Ah... Et vous avez parlé de quoi ?

– Du Déluge...

– Il faut comprendre que ce sont des textes symboliques...

– Oui, mais y faut comprendre aussi qu'on n'est pas obligé d'aimer ça ! »

Clélia avait sept ans quand je l'emmenai à la découverte de Londres, en train et en bateau. Nous avions passé la traversée au restaurant du ferry. Ce fut sa première croisière. Elle scrutait l'horizon brumeux, inquiète de la possible présence d'icebergs.

Un de ces bons vieux trains anglais, dont on peut ouvrir vitres et portières en marche, nous conduisit de Douvres à

Victoria. Le compartiment, tendu de velours frappé prune et éclairé par d'énormes globes blancs, ressemblait à une salle d'attente victorienne. Un contrôleur sanglé dans un uniforme bleu ciel élimé avait frappé à la porte et salué Clélia d'un « *Hello, sweetheart* ». Nous avions franchi la Tamise au pont de Battersea, dominé par les quatre cheminées de l'ancienne centrale thermique, j'avais baissé la vitre pour laisser entrer le parfum de Londres, mélange de poussière et de chlorophylle.

À la gare de Victoria, un jeune Jamaïcain nous avait chargés dans son *cab* impeccable. Ce fut le premier coup de foudre de Clélia : elle ne voulait plus visiter la ville qu'en taxi, de préférence noir. Elle en goûtait l'espace et l'intimité, un luxe inconnu à Paris où il faut partager conversations oiseuses, odeurs de tabac, poils de chien et RTL à fond. Je la détournai de cette passion coûteuse en lui montrant comment sauter en marche dans les bus à étage. Elle grimpait dans l'impériale, attendait qu'une banquette fût libre au premier rang. Nous traversions la ville en tapis volant.

Les Londoniens s'adressaient à elle avec douceur. Elle leur répondait, au hasard, « *Yes* » et « *Thank you* », mais opposait un « *No* » ferme chaque fois qu'on lui proposait du thé. Comme, déjà, elle ne voulait pas qu'on la sache Française, nous avions dévalisé le rayon « Uniformes » de Marks & Spencer à Marble Arch. Clélia avait enfilé une robe chasuble grise plissée, un chemisier blanc, un blazer bleu marine et des ballerines noires. Je lui avais prêté une cravate club. Elle apprit vite à la nouer elle-même. C'est dans sa tenue de *schoolgirl* qu'elle était revenue en France.

De ce premier séjour, Clélia avait gardé le sentiment que la vie était plus vivante de l'autre côté de la Manche. L'incursion chez les Beatles avait renforcé ses convictions.

En réveillant les souvenirs de mon âge tendre, le voyage à Liverpool avait dénoué quelque chose. Je ne me contentais plus de répondre aux questions de Clélia, je lui parlais. Je rattrapais le temps où je m'étais tu – à table, en classe, à la messe. C'était une étrange transfusion : alors que je me sentais rajeunir, je découvris que ma petite fille avait grandi. Même si elle me faisait part de quelques chagrins trop lourds, de la stupidité des garçons, de l'injustice d'un professeur, je n'étais toujours pas son confident. Elle réservait ce rôle à sa mère.

« Par exemple, si j'ai un amoureux, j'en parlerai plutôt avec maman.

– Tu sais que tu peux m'en parler aussi.

– Oui, mais une maman, ça sait des choses que les papas savent pas. On fait pas les mêmes choses avec son papa et sa maman. Les papas, c'est plus pour les promenades. »

J'ignore comment on élève un garçon, mais je me suis vite mis à l'éducation de ma fille. Le dressage raté d'une femelle setter irlandais, une tentative avortée de faire aimer Wagner à toute une classe de quatrième du collège de Djelfa (Algérie), mes propres difficultés à apprendre le violoncelle et l'algèbre et bien d'autres fiascos m'avaient conforté dans la vision d'un monde voué à l'entropie. Avec Clélia, je prendrais les choses comme elles viendraient. *Ducunt volentem fata*... Pour le résultat, je m'en remettais à oncle Sigmund et à son rassurant « Quoi que vous fassiez, ce sera mal ». Mal faire n'est pas faire mal, et je vis ma fille grandir le sourire aux lèvres.

Confronté au quotidien, j'improvisais. Quand était venu mon premier tour de « garde », j'avais affronté chauffe-biberon, couches et velcro rétif comme un embiellage à changer ou un allumage à caler. Ces questions de logistique réglées, je découvris qu'il me restait beaucoup de temps pour jouer et parler avec ma fille. J'en profitai pour lui apprendre la politesse, le tir à la carabine, l'écossage des petits pois, la cuisson lente de l'omelette et la conduite de l'Acadiane. Si je ne lui ai pas appris à jouer au foot, c'est parce que j'ai deux pieds gauches.

Je ne soupçonnais pas sa mère d'être une « maman coq » et ne fus jamais effleuré par l'idée d'être pour Clélia une seconde maman. Quand je lui achète des vêtements, cela reste des choix de garçon. Aujourd'hui, c'est elle qui m'entraîne dans les boutiques, ou corne les pages d'un catalogue et lance d'un ton faussement désinvolte :

« J'ai marqué les trucs qui me plaisent. Mais t'es pas obligé de les acheter, hein, c'est juste pour que tu saches… »

Je suis le père de ma fille, elle m'appelle papa, et je m'occupe des voyages. Pendant les vacances, nous habitons sur la route, dans un camping-car, que Clélia appelle « la maison voiture ».

« Si nous étions rentiers, nous passerions notre vie à voyager, lui ai-je répété.

– Et tu me ferais l'école ? Tu m'as dit que c'était possible quand on a été instituteur.

– Oui. Mais je te préviens, je suis nul en maths.

– Pas grave. J'aime pas trop, moi non plus… En fait, y aurait quand même un problème.

– Ta maman ?

– Ben oui. Il faudrait qu'elle vienne avec nous. Mais je crois pas qu'elle voudrait. Elle, elle aime bien Paris. »

Pour Clélia, la famille n'est pas un paradis perdu. Elle se réunira, tôt ou tard. Le plus tard possible, de préférence, car elle a pris goût à sa double vie, avec ses deux chambres, ses deux maisons, et ce contact réduit entre les parents qui favorise la culture des secrets.

Lorsque, au hasard de nos promenades, nous abordons un paysage à notre goût, nous nous arrêtons et le contemplons comme un pionnier la terre promise : maison, école, boutiques, *tout* est là.

« Tu aimerais vivre ici ? lui dis-je.

– Oui, mais à condition que maman, mon frère, son père, et toi, bien sûr, vous soyez tous là. »

Elle réfléchit, soucieuse de n'oublier personne, ajoute grands-parents, oncles et tantes, cousins et cousines et ses amis les plus chers. La famille devient tribu.

Je consacrai la semaine qui suivit notre retour de Liverpool à noter mes souvenirs de voyage. Le week-end venu, nous installâmes un espace de travail sur la moquette. Les photos développées étaient posées à côté des souvenirs : billets, cartes postales, menus, prospectus. J'avais acheté un grand cahier à spirale, Clélia, munie de ciseaux et de colle, rassemblait le puzzle. Le dimanche soir, notre journal de voyage était terminé.

Nous faisions la tournée des *webcams*. Elle avait une saveur particulière : avoir battu le pavé de Mathew Street avait renforcé notre complicité : personne, dans notre entourage, ne connaissait Liverpool. Nous partagions la volupté des initiés.

Cinq semaines et demie nous séparaient des prochains congés scolaires. Je commençai à réfléchir à un nouveau voyage. Cette fois, les Beatles seraient un prétexte plus qu'un but. Il y aurait un séjour à Liverpool, au nom de mon bon plaisir : j'étais tombé amoureux de la ville. Oublié, le sentiment qu'elle m'avait inspiré le premier soir – sans doute ne faut-il pas y arriver un lundi. J'avais compris pourquoi on avait compté là des centaines de groupes quarante ans auparavant. La cité vibrait d'une musique jaillie de partout. Vers cinq heures de l'après-midi, les pubs laissaient échapper des notes de guitare, un roulement de batterie, une série de larsens. Liverpool s'accordait avant d'enfiler sa tenue de soirée. Souvent, il n'y avait pas de groupe, juste une solide rousse ressemblant à Bonnie Raitt ou un sosie de Joe Cocker accompagnés par une bande enregistrée. Nous regardions par les portes entrebâillées des pubs. Il faudrait attendre encore quelques années – les quatorze ans de Clélia – pour avoir l'autorisation d'entrer. Mais elle était moins pressée que moi : elle rangeait cette variété de *pub rock* dans la catégorie « vieux », aux côtés des hôtels et des restaurants du même nom.

Notre prochain voyage passerait par Liverpool, mais nous amènerait en Écosse, du côté de la thébaïde de Paul. L'itinéraire était encore vague. J'avais déployé la carte de Grande-Bretagne et avais soumis quelques idées à Clélia : le Hampshire sur les traces de Thomas Hardy et Jane Austen ? Les *moors* du Yorkshire autour des sœurs Brontë ? Clélia hochait la tête. Pourquoi pas ? Tant que c'était en Angleterre...

C'était d'autant plus agaçant que tous les détours « écrivains » que je lui avais imposés en France l'avaient ennuyée. Lorsque je m'étais arrêté sur la place du Château à Barbezieux, m'attardant près du jardin envahi de roses trémières de la maison natale de Chardonne, elle bâillait et me tirait par la manche.

Dans la série « Connaissance des écrivains », mon plus gros bide avait été Mauriac. Un été que nous traversions l'Entre-deux-Mers, en route pour les Landes où Clélia allait rejoindre sa maman, je vis, sur la droite un panneau indiquant Malagar, un des rares lieux que je n'avais pas encore visité. Je connaissais la villa de Saint-Symphorien (le Saint-Clair de *Thérèse Desqueyroux*) ; j'avais retrouvé, à Bazas, le bâtiment dont Franju avait fait le palais de justice de son film, l'église de Saint-Léger-de-Balson où il avait tourné le mariage de Thérèse et Bernard ; j'étais passé à Argelouse, qui n'est pas l'Argelouse du roman (l'endroit s'appelle en fait Jouanhaut) ; j'avais longé, derrière la gare de Langon, les hauts murs de la villa de *Genitrix*, qui tremblait au passage de chaque train. Mais je n'avais jamais visité Malagar.

J'expliquai à Clélia que nous allions faire un petit détour par la maison de Mauriac.

« Qui ? demanda-t-elle.

– François Mauriac.

– C'est qui ?

– Un écrivain. »

Le mot entraîna un concert de protestations. Clélia me rappela Barbezieux et Chardonne. Sur le parking de Malagar, elle commença par refuser de descendre de la voiture puis me suivit en bougonnant le long de l'allée de cyprès que l'écrivain avait lui-même plantés. Presque tous étaient mourants. Je visitai au pas de charge : la charmille, la terrasse donnant sur la vallée de la Garonne et l'armée sombre de la forêt landaise, le salon et la petite table où Mauriac écrivait dans l'inconfort indispensable à l'éclosion de rhumatismes et de personnages tourmentés.

Clélia jeta un œil distrait sur l'intérieur de la maison, ne montrant quelque intérêt que pour la cuisine, ses jarres à confits et ses cuivres cabossés. Quand je décidai de visiter les chais transformés en musée, elle bouda de plus belle. J'évoquai l'amour qu'éprouvait pour les Landes de Gascogne ce Monsieur Mauriac, qui parlait des pins avec presque autant de tendresse que de sa maman. En vain. Clélia me fit comprendre qu'elle n'avait pas le goût des hospices. Elle avait hâte d'arriver à l'océan et de se baigner avec ses cousines. Tout ce qui concernait les écrivains, leurs livres, leur vie ou leurs maisons, était pour elle le comble de l'ennui. Il serait bon, à l'avenir, que je lui épargne ce genre de visite.

L'Angleterre avait changé tout ça. Je savais que si je lui disais : « Tiens, j'ai trouvé l'adresse de la maison où Agatha Christie a écrit *Dix Petits Nègres*, c'est dans le Devon », elle me proposerait d'inclure ce détour dans notre itinéraire.
À Paris, elle suivait les aventures de l'*Inspecteur Barnaby* à la télévision, achetait *Top of the Pops*, déchiffrait les aventures des *Famous Five*. Au cours de nos promenades, nous avions délaissé les bistrots au profit des pubs. Dans les rues, aucune voiture immatriculée en Grande-Bretagne ne nous échappait. Nous nous en approchions avec déférence, jusqu'à voir *la preuve* : le volant à droite. Les passants, intrigués par notre insistance à scruter l'intérieur, nous imaginaient couple de voleurs. Ils n'avaient pas tout à fait tort : nous étions prêts à dérober le moindre signe venu de la Grande Île.

Pour soigner mon manque d'Angleterre, je lisais le *Daily Telegraph*, écoutais la BBC sur Internet. Devenu incollable sur les faits-divers britanniques, je suivais les tribulations judiciaires de Julia, la petite-fille de Lord Pilkington, accusée par ses voisins d'avoir copulé sous leurs yeux dans le jacuzzi de son jardin. Je priais pour la survie d'une vieille dame qu'un voleur de sac à main avait rouée de coups dans le Sussex. Je m'intéressais aux travaux d'Andy Young, un jeune cadre du Yorkshire lassé des embouteillages, qui avait mis au point une fusée personnelle lui permettant de se rendre à son bureau à une altitude moyenne de neuf cents mètres. J'appris avec satisfaction que le succès de *Harry Potter* avait permis à Monsieur Eddon, fabricant de balais à Pickering, North Yorkshire, d'échapper à la faillite.

Les problèmes de vessie du jeune officier anglais relatés par Mary Killen dans le *Spectator* avaient fait le tour du monde. Un certain PF écrivait de Tachkent. « La lettre du sous-officier incontinent est-elle authentique ? Je partage tout à fait l'avis d'un de vos correspondants, qui estime que ce monsieur ne saurait appartenir à un régiment digne de ce nom. Voyez-vous, j'ai appris à contrôler ma vessie lors de mon premier dîner, il y a de cela près de trente ans, et je m'en souviens comme si c'était hier. Le commandant était à n'en pas douter doté d'une vessie à toute épreuve et pérorait à l'envi alors que j'en étais réduit à me tortiller sur ma chaise, imaginant tous les artifices possibles pour le contraindre à se lever de table. Ce jour-là, j'ai appris un secret. Commencer par un petit verre de sherry avant le dîner et attendre la fin du repas pour boire en plus grande quantité, lorsque l'on sait que le soulagement est proche. Quant aux réservoirs que vous préconisez, ils pourraient s'avérer utiles à un sous-officier gâteux, mais, là, c'est un jeune homme, non ? N'aurait-il aucune force morale ? »

Apparemment, les militaires avaient pris l'affaire très au sérieux. Chez les civils, la dérision restait de rigueur. Un lecteur gallois proposait une solution radicale : « Pourquoi ne pas tout simplement verser un puissant diurétique dans le verre du colonel ? »

Prudente, Mary s'était retirée du débat et laissait les lecteurs discuter entre eux. L'affaire de la vessie avait dû entraîner une avalanche de courrier, car elle promettait « plus de lettres sur le sujet dans le numéro de la semaine prochaine ».

Les vacances scolaires ne durant que sept jours, il me fallut choisir entre la littérature et les Beatles. Je renonçai au presbytère d'Emily Brontë pour me concentrer sur le Mull of Kintyre, un Finistère écossais qui dresse sa falaise de quatre-vingt-dix mètres à douze miles au nord-est des côtes d'Irlande. La retraite de McCartney est accrochée sur la lande à dix kilomètres de là, au sud d'une péninsule séparée de la grande terre par un chapelet d'îles.

On pouvait choisir la route longue et sinueuse qui longeait *firths* et *lochs* jusqu'à Campbeltown, un trajet de plus de deux cents kilomètres, ou sauter d'île en île par les ferries de la Caledonian MacBrayne, de Skelmorlie à Tarbert par Rothesay, Ardentraive, Portavadie. Cet *Orléans, Beaugency, Vendôme* écossais me semblait chargé de promesses. J'optai pour les ferries, me procurai les horaires des traversées et établis un premier itinéraire.

Clélia, qui me soupçonnait de ne pas aimer Paul, accueillit ma proposition d'aller voir sa ferme avec enthousiasme. Elle n'excluait pas le miracle, et imaginait déjà une rencontre dans un chemin creux au milieu des genêts.

Les amateurs éclairés à qui je confiai mon projet me regardèrent avec un peu de peine. Pour le voyage à Liverpool, ils comprenaient. Les Beatles, c'est quelque chose. Mais McCartney…

On me rappela la typologie officielle : John l'artiste, héros et martyr, génie torturé, visionnaire, féministe. George le doux rêveur, maraboutée mais généreux. Ringo le brave type, comme tous les batteurs. Et Paul, le petit-bourgeois.

Les preuves ? Il avait été un élève studieux – on venait de retrouver ses bulletins du Liverpool Institute, et ses notes étaient honorables. Il était le plus fortuné des Beatles car il était près de ses sous, pas étonnant qu'il se soit installé en Écosse. Il avait signé des ballades bubble-gum à la « *My Love* », avait eu la tentation de renverser la sacro-sainte signature « Lennon/McCartney », n'avait jamais rien compris au rock – il faisait du *middle of the road*, de la variété grand public. Un social-traître, quoi.

J'écoutais, amusé, la dialectique rouillée. Lennon porté aux nues pour son caractère de chien, sa mauvaise foi, son arrogance, ses manières de poseur, sa débauche assumée, son égoïsme. McCartney méprisé pour sa jovialité, ses manières directes, sa bonhomie, sa discrétion et son combat contre les mines anti-personnel, à coup sûr une volonté de se faire de la pub.

Prudent, je n'évoquai pas, devant des gardiens de la flamme, mon réel projet : visiter le Mull of Kintyre, qui avait inspiré à Sir Paul son tube de 1977. Je touchais là à un mélange suspect : succès + folklore. C'était, à la rigueur, autorisé pour les Pogues et Yvette Horner, sûrement pas pour ce végétarien milliardaire de McCartney. Sans compter les paroles, une espèce de Paimpolaise qui attend au pays *briton*…

Chapitre 11

Le cri du puma

Mercredi 17 avril

Ce matin, nous avons embarqué à Weymiss Bay, à l'embouchure du Firth of Clyde, au sud de Glasgow, sur le ferry à destination de Rothesay dans l'île de Bute. L'Écosse, la vraie, commence là, avec ses landes et ses tourbières rouillées comme l'Aubrac en hiver, ses collines rehaussées de l'or des genêts, son horizon liquide qui passe, au gré des éclaircies, du plomb au cobalt.

Nous n'empruntons que des *single track roads*, des routes trop étroites pour laisser passer deux véhicules, sauf aux emplacements réservés disposés tous les deux ou trois cents mètres. Les rares croisements – nous avons surtout rencontré des moutons qui somnolaient sur l'asphalte – donnent lieu à un échange de saluts divers, levers de chapeaux et signes de la main, un rituel conforme à la première édition du Code de la route. On se croirait à la bataille de Fontenoy.

Un dernier ferry nous a conduits à Tarbert, mélange de port breton et de village cantalou, d'où part la *long and winding road* qui mène sur les terres de Paul. Elle se faufile d'abord sous les pins, sur la rive gauche du *loch* de Tarbert, avant de rejoindre la côte. L'Atlantique est encore sage à l'embouchure du *loch*. Les grandes îles de Jura et d'Islay freinent ses ardeurs, seul un léger clapot bat le rivage.

Passé la pointe sud de Gigha, l'horizon se dégage, l'océan devient gris-vert et d'énormes rouleaux viennent se briser sur les plages. La route abandonne la côte et pique vers l'est pour rejoindre Campbeltown, l'ex-capitale écossaise du whisky. Au milieu du XIXe siècle, on comptait là trente-six distilleries. Il n'en reste qu'une. La ville a accumulé les revers économiques et l'Union européenne l'a achevée en réduisant les quotas de pêche en mer d'Irlande. Les chalutiers rouillent à quai, les chantiers navals ont perdu leurs derniers clients. Campbeltown est un grand carrefour désert qui attend le retour des touristes, des plaisanciers et des golfeurs.

Nous sommes les seuls hôtes du Craigard Hotel, perché sur le flanc ouest du *loch*. L'édifice, qui ressemble à une maison toscane flanquée d'un campanile roman, a abrité successivement une distillerie et une maternité avant de devenir une ruine ouverte à tous les vents. Il ne restait que le gros œuvre et quelques vitraux aux motifs préraphaélites miraculeusement intacts quand Roger, un ancien homme d'affaires londonien, l'a racheté pour une bouchée de pain et l'a transformé en hôtel. C'est là qu'il vit, depuis cinq ans, avec Pat, sa compagne, un bobtail indolent et deux chats.

Contrairement au patron du Red Lion de Henley, le gérant du Craigard ne se fait pas prier pour nous expliquer où se trouve la maison de Sir Paul. Il faut dire que le Beatle ne court aucun danger, il est en tournée aux États-Unis. Par ailleurs, comme je peux le voir sur un plan que me tend Roger, la propriété, située à un bon kilomètre de la route, est quasi inaccessible.

Nous repartons sous une pluie battante et empruntons la première route à droite à la sortie de la ville. Elle grimpe dans les collines entre landes et bouquets de sapins. Passé quelques fermes, le revêtement disparaît et la route n'est plus qu'une piste boueuse qui se termine en cul-de-sac près d'un petit lac. Nous rebroussons chemin jusqu'à une carrière, seul point précis que nous pouvons localiser sur la carte. La ferme de Paul devrait être là, mais les rares maisons que l'on aperçoit sont très éloignées de la route. Je retourne plan et carte routière en tous sens.

« Alors, c'est où ? s'impatiente Clélia.

– Par là... (Geste vague indiquant la droite du chemin.)

– Je vois rien.

– Les bâtiments vert et rouge, là-bas...

– Ah... Ça ?... Tu es sûr ?

– Non. Mais le patron de l'hôtel a dit de s'arrêter au niveau de la carrière. J'imagine que ce petit chemin doit mener chez Paul.

– Tu crois que c'est sa maison, toi ?

– Peut-être. Il me semble qu'il possède plusieurs fermes. C'est normal, tu sais, qu'il se soit installé loin de la route. Au moins, il est sûr d'être tranquille.

– Tu crois qu'il pourrait être là ?

– Non. Il est en tournée en Amérique. S'il était là, il y aurait des gardes près de l'entrée. »

Clélia prend plusieurs photos, par acquit de conscience. Quand je les regarde aujourd'hui, elles me font sourire. On y voit surtout des clôtures, des pâturages, un bois de sapins, une colline couverte d'un bosquet et, très loin, quelques taches de couleur qui peuvent passer pour des maisons ou des granges.

De tous les lieux que nous avons arpentés, la campagne de Paul est le premier où nous n'avons croisé aucun curieux. L'ex-banlieusard de Liverpool est le seul terrien de la Bande des Quatre, le seul à avoir choisi un refuge de bouseux dans une presqu'île écossaise. C'est là qu'au début des années 1970, mis KO debout par une séparation qu'il avait pourtant provoquée en grande partie, il a passé des mois à redevenir lui-même. Il s'était laissé pousser la barbe, faisait largement honneur aux produits distillés dans la région, avait planté du cannabis et a avoué, plus tard, avoir souffert d'une dépression nerveuse. C'est aussi là qu'il a composé *Maybe I'm Amazed*, est devenu végétarien en élevant des agneaux, a formé Wings avec Linda et pris le temps de faire quelques procès aux Beatles – un vrai signe de retour à la santé...

McCartney est le Beatle le plus attaché à ses origines britanniques. Ringo quitte rarement sa villa californienne. John avait passé les dernières années de sa vie en plein cœur de New York. George se partageait entre la Californie, Hawaii, la Suisse et son château de Henley. Paul continue à entretenir des liens réguliers avec Liverpool. Dans une interview accordée à Jools Holland, après son concert à la Cavern en 1999, il raconte une conversation téléphonique avec George.

« Je lui ai dit que je revenais de Liverpool et il m'a demandé pourquoi. J'ai répondu : "Parce que j'adore cette ville." J'avais d'abord trouvé sa réaction bizarre, et puis, j'ai réfléchi et j'ai compris. Moi, j'ai encore de la famille ici. Pas lui. »

Nous sommes toujours arrêtés au sommet d'une petite côte, en face de la carrière où rouillent de vieux wagonnets.

« On fait quoi, maintenant ?

– On va aller voir le Mull of Kintyre.

– Je sais que tu m'as déjà expliqué, mais j'ai oublié ce que c'est.

– C'est l'endroit qui a inspiré Paul pour sa chanson.

– Je la connais pas.

– On va redescendre en ville et essayer de la trouver. »

Mais il n'y a plus de disquaire à Campbeltown, et le supermarché du port ne vend que des compilations.

Pour rejoindre le Mull, nous prenons la route de l'est, celle qui longe le *loch* en face de Davarr, une île à la silhouette de baleine géante. La pluie a cessé, la mer est d'un bleu profond. Au large, la petite île d'Ailsa Craig surgit des flots comme un volcan.

Mull veut dire « cap », en celte, et Kintyre viendrait d'un mot viking signifiant « cap ». Aller au cap du cap, c'est aller au bout du monde. La civilisation semble reculer au fur et à mesure que nous approchons du « sommet ». Le temps a changé de nouveau, un ciel de plomb écrase la lande grise alentour. Le vent charrie des nappes de brume qui masquent l'horizon. En l'espace de quelques kilomètres, la route n'est plus qu'un étroit ruban de macadam semé d'ornières et bordé par deux fossés profonds comme des ravins.

« Ça ne te rappelle rien, tout ce brouillard, ce froid, cet endroit sans âme qui vive ? »

Clélia hésite.

« Tu te souviens du puy de Dôme ?

– Ah oui, les pumas.

– Oui, mais avant, nous étions montés au sommet.

– Avec Grizzly qui regardait par la fenêtre ?

– Oui. »

C'était un printemps glacial. Il neigeait à six cents mètres, le puy de Dôme disparaissait dans les nuages, tronqué comme la montagne de *Rencontres du troisième type.* Même le caissier de la route à péage avait tenté de nous convaincre que l'ascension était inutile. Mais j'avais promis à Clélia que nous allions nous promener dans le cratère d'un volcan, alors...

Au sommet, on ne voyait pas à cinq mètres et tout avait pris un air fantomatique. Un volet mal fermé claquait dans le vent. Le thermomètre affichait zéro, des plaques de neige s'accrochaient au talus. Nous avions gagné le temple de Mercure, par un sentier glissant. Le vent chassait parfois le brouillard, révélant un muret aussitôt englouti par le nuage suivant. On s'attendait à voir surgir le Cavalier sans tête ou le Chien des Baskerville. Clélia avait sonné la retraite.

En redescendant dans la vallée, nous nous étions laissé tenter par la visite d'un zoo, peuplé d'une poignée de fauves efflanqués. Il faisait un froid de chien, mais le manège d'un couple de pumas nous avait retenus là une bonne demi-heure. Le mâle tournait autour de la femelle en affectant l'air le plus innocent possible. Elle le suivait du coin de l'œil, s'assurant qu'il ne franchissait pas le périmètre de son intimité, sinon, elle poussait un feulement terrible. Monsieur Puma montrait les dents, mais reculait toujours. Il tenta l'encerclement par la droite, puis par la gauche, toujours sans succès. Il essaya l'approche par-derrière mais, d'un mouvement de gueule, la femelle le fit renoncer.

Le ballet dura près d'une demi-heure. Nous claquions des dents, incapables de renoncer au spectacle. La constance butée du mâle m'étonnait. Mais le plus impressionnant, c'était la majesté de la femelle qui, d'un mouvement de tête, tenait le prétendant à distance.

Clélia avait aimé le grondement de la femelle.

« Elle voulait pas faire de bébés... C'était rigolo... Tu peux me le faire ?

– Le cri du puma ?

– Oui. »

Pour réussir le cri du puma, il suffit d'aller chercher un râle au fond de la gorge et d'expirer en formant un O avec la bouche, comme le major Applegate imitant le léopard dans *L'Impossible Monsieur Bébé*. Je m'exécute. Mon cri n'a fait fuir aucun lapin, dérangé aucune mouette.

Après un dernier lacet, la route s'est arrêtée, face à une brèche ouverte sur l'océan. Une barrière empêche de rejoindre le phare autrement qu'à pied. Il doit être quelque part en contrebas, sur le bord de la falaise, mais pour l'instant, on ne voit pas à vingt mètres.

Sur le petit parking, un panneau, secoué par le vent, rend hommage à Sir Paul et rappelle à quel point les parages sont dangereux, et pas seulement pour les navires. Plusieurs avions se sont écrasés sur les pentes désolées du Mull. Le promeneur curieux peut en retrouver les débris, précise aimablement le panneau. Les partisans du complot évoquent un champ magnétique qui déréglerait les altimètres, les indigènes accusent le brouillard, qui peut surgir là en quelques secondes. « *Oh mist rolling in from the sea...* »

Entre deux bourrasques, la brume se déchire et le phare apparaît. Un rayon de soleil allume les genêts, la mer se teinte de bleu. Le spectacle, qui n'a pas duré une minute, nous a transportés vers un autre rivage.

Clélia a enjambé la barrière et s'apprête à descendre jusqu'au phare, mais le courage me manque. Je suis transi, la nuit approche, la lande va se peupler de farfadets, les fantômes des aviateurs doivent se préparer à un prochain sabbat. Je hèle Clélia, qui regagne la voiture en bougonnant – elle a raison, on devrait toujours aller au bout du chemin –, et conduis vers Southend, enfin rassuré quand apparaît une ferme dont la cheminée laisse échapper une fumée bleue.

À l'hôtel, Roger et Pam ont dressé deux couverts dans la salle à manger. Nous sommes les seuls convives. Clélia apprécie le cérémonial rapide, façon cantine, qui ne dépasse pas un quart d'heure.

Nous rejoignons nos hôtes au salon. Roger nous raconte comment il a restauré l'hôtel, photos « avant/après » à l'appui, Pat m'apprend le whisky à l'écossaise – il suffit de l'allonger d'un volume d'eau plate.

C'est une soirée entre adultes. Clélia lisse les plis de son kilt, un œil sur la pendule. Pat fait des efforts pour lui parler en français, elle répond poliment sans chercher à dissimuler son ennui. Songe-t-elle à la « poudre de cheminette » de *Harry Potter* dont une poignée nous projette instantanément à l'endroit souhaité ?

Les cocktails de Pat aidant, l'idée de me laisser téléporter a semblé relever du possible. Je ferme mon poing sur une poussière imaginaire, pense très fort L.I.V.E.R.P.O.O.L. et me retrouve dans ma chambre. Le lit tangue légèrement. J'ai dû mettre trop d'eau dans mon whisky.

Jeudi 18 avril

Le lendemain, nous délaissons la grand-route qui longe l'Atlantique pour la côte est. C'est un grand huit défoncé, qui serpente sous des bois de pins et se précipite vers des criques désertes, traverse des hameaux défendus par des remparts d'hortensias. Au-delà de 30 km/h, la conduite devient hasardeuse, mais le danger se résume à un croisement difficile avec le camion du laitier.

Il faut deux heures pour parcourir les cinquante kilomètres qui séparent Campbeltown de Claonaig, d'où part le ferry à destination de l'île d'Arran. L'embarcadère est un simple glacis de béton qui s'enfonce dans la mer. À l'entour, pas une maison, juste la grève à perte de vue et la lande. En face, à environ cinq kilomètres, Arran, montagne dans la mer, au sommet couvert d'une fine couche de neige, dresse sa silhouette sombre. Mais à peine a-t-on abordé l'île noire que l'on découvre un immense jardin, bordé de massifs de lauriers ou de rhododendrons et planté de palmiers.

Clélia se régale des couleurs de l'Écosse. Mais, pour moi, il manque quelque chose à ce voyage : la petite magie, le mystère. J'ai hâte de retrouver les *Liver Birds*, mais je suis inquiet. Et s'ils s'étaient envolés ? Si Liverpool n'était plus qu'une ville comme une autre ? Si nous en avions épuisé toutes les surprises, comme au matin de Noël quand le dernier cadeau a été déballé ?

Chapitre 12

Number 9

Vendredi 19 avril

L'Adelphi est complet et nous avons trouvé refuge au Trials, en plein centre, où l'on se prépare à accueillir Demis Roussos. Les femmes de chambre sont en alerte. L'ex-Enfant d'Aphrodite ne supporte que les traversins, il faut faire disparaître tous les oreillers de sa chambre.

Une rapide promenade dans le triangle « Tout-à-quinze-minutes-à-pied » nous fait découvrir l'autre visage de Liverpool : c'est une ville de province, et l'on a tôt fait d'y tourner en rond, surtout à dix ans.

À l'angle de Mathew Street, nous tombons sur Steve, le gérant de la boutique From Me To You, qui nous reconnaît et nous salue. Nous lui promettons une visite. Entre-temps, nous allons avaler une salade dans un des restaurants du Cavern Walks.

« Qu'est-ce qu'on va faire cette après-midi, gémit Clélia.

– J'irais bien voir les maisons...

– Mais on les a déjà vues !

– Je sais. Mais je les aime bien. J'aimerais les revoir. Pas toi ?

– Bof...

– Écoute, on a le temps. On va aller voir Steve. Il aura sûrement une idée.

– Tu vas encore parler des heures.

– Tu en profiteras pour voir s'il y a du nouveau. Peut-être qu'il te manque un des trois cent vingt-sept badges de Paul… »

Clélia me répond par une grimace, celle du hamster qui louche, ma préférée, bien qu'elle soit le signe d'un indicible mépris.

Steve nous accueille avec les honneurs réservés aux délégations étrangères. Il m'entraîne vers le fond de la boutique, près du tiroir où il enferme les résultats de ses recherches beatlesiennes et en extrait une photocopie pâlotte, où la plupart des inscriptions ont disparu. C'est le plan de l'île au Trésor, le parchemin exhumé par le Club des Cinq, le message à l'encre sympathique destiné à Hercule Poirot. Avant de me tendre le sésame, Steve me fixe par-dessus ses lunettes et me soumet à un ultime quiz. Sommes-nous allés à Saint Peter's Church ? Oui. Avons-nous vu la tombe d'Eleanor Rigby ? Oui. Et celle de John McKenzie ? Euh, eh bien, non.

Steve hésite. J'espère que l'on a droit à plusieurs erreurs, sinon, adieu palimpsestes et passages secrets. Je lui explique que le chauffeur qui nous a fait visiter la ville était un fan de Clash – Steve lève les yeux au ciel –, que nous avions eu droit uniquement aux très hauts lieux, mais que, cette fois, nous sommes en voiture et que nous prendrons tout le temps nécessaire. Je tends la main vers la photocopie, mais Steve ne veut pas la lâcher. Il m'indique une inscription illisible.

« Ici, c'est Newcastle Road.

– La maison natale de John, dis-je, afin de rattraper les trois points que j'ai perdus à cause de John McKenzie.

– Pas tout à fait, rectifie Steve, en levant un sourcil. John est né à la maternité de Liverpool. Aujourd'hui, le bâtiment fait partie de l'université. Il y a une plaque sur le mur.

– Et c'est où ?

– Pas très loin de l'Adelphi. Je vous montrerai… Newcastle Road, c'est la première maison de John, celle où il a vécu quelques années avec sa mère avant d'aller s'installer chez sa tante. »

Steve se rapproche et baisse la voix.

« John habitait au numéro 9.

– Hum…

– C'est important. Le chiffre 9 a marqué sa vie. Par exemple, il est né un 9 octobre à 6 h 30 du matin. Et 6 + 3 + 0 = 9 !

– Hum hum…

– Ce n'est pas tout. Il est mort le 8 décembre 1980 à New York, mais à l'heure de sa mort, on était déjà le 9 en Angleterre. Il y a plein d'autres détails troublants. Le mot Liverpool compte 9 lettres… Le bus que John prenait pour aller à l'école primaire était le 72. 7 + 2 = 9… »

Steve me tend la photocopie, puis la reprend et la pose près de la caisse. Il pointe le doigt vers l'inscription « Penny Lane ».

« Vous avez vu le coiffeur ?

– Oui.

– L'ancien abri de bus ?

– Oui.

– La banque ?

– Heu… oui…

– L'endroit où on a filmé le clip de *Free As A Bird* ?

– Euh…

– Bon. Quand vous êtes sur la place, vous passez devant Saint Barnabas…

– Où Paul était enfant de chœur…

– Oui… et vous entrez dans Penny Lane. Certains plans du clip ont été tournés là. Ensuite, si vous retournez à Saint Peter's Church, vous devriez trouver la tombe de John McKenzie, elle est à deux rangées de celle d'Eleanor Rigby. »

Steve lâche enfin la photocopie et j'embarque Clélia pour un tour « Niveau 2 » des abords de Strawberry Field.

« Alors, il t'a montré des trucs ?

– Oui.

– Qu'est-ce qu'on va voir ?

– D'abord, je t'emmène voir la maison de Ringo, celle où il a habité jusqu'à vingt et un ans.

– Donc, tu t'étais trompé, la dernière fois.

– Pas tout à fait, la maison que nous avons vue, c'est celle de sa grand-mère, celle où il est né. »

Cinq minutes plus tard, nous nous garons devant l'Empress.

« Tu vois, j'étais pas loin. Madryn Street, c'est là à droite. Et Admiral Grove, c'est juste après le pub, à gauche. »

Admiral Grove fait partie des cités de Liverpool promises à la démolition depuis vingt ans. En attendant, leurs occupants les maintiennent en état à grand renfort de *Do It Yourself*. La façade du numéro 10 a été repeinte en blanc et rose pâle. Une poupée de foire trône à la fenêtre du premier étage.

Ringo a vécu là seize ans. En 1961, il y a fêté son vingt et unième anniversaire, quand le groupe était déjà une gloire locale. Il y avait du beau linge parmi les invités, tout le gratin du *Merseybeat*, Cilla Black, Gerry Marsden... L'actuelle locataire habitait déjà la cité, et elle se souvient : « Vous imaginez quatre-vingts personnes là-dedans ? Il y avait une foule de curieux qui attendaient, dans les maisons voisines. Ils savaient que les toilettes étaient dans la cour et guettaient le moment où Ringo aurait un besoin à satisfaire... »

La dame s'est installée là par hasard. Ringo était juste un ancien voisin, elle n'avait pas de goût particulier pour les Beatles, ne possédait aucun de leurs disques. Une bonne âme lui en a offert un, mais elle jure ne l'avoir jamais écouté. Son plaisir est ailleurs. Elle assure son rôle de conservateur avec sérieux et tient un livre d'or, dans lequel les pèlerins consignent leur état civil et leur enthousiasme.

La « vraie » maison de Ringo constituait la seule nouveauté de la journée. De Penny Lane à Wavertree, le chemin paraît monotone à Clélia. Elle hâte le pas, pour elle, c'est trop. Pour moi, ce n'est pas assez et je m'attarde. Le sentiment trouble qui m'avait saisi le soir de notre arrivée à Liverpool m'envahit à nouveau. Cette fois, l'illusion que le passé va resurgir s'estompe, remplacée par la certitude que quelque chose est perdu à jamais.

Clélia me tire de ma méditation : c'est l'heure du goûter, un rituel qui n'attend pas. Nous faisons halte dans un salon de thé voisin de l'ancienne boutique de Brian Epstein.

« Tu veux retourner au musée, Clélia ?

– Comme tu veux.

– Non, comme tu veux, toi. J'ai l'impression que tu t'ennuies...

– Écoute, papa, si ça te fait plaisir, on y va... C'est toi qui décides. Voilà. »

Nous avons cet échange dix fois par jour. Pour ne pas imposer nos désirs à l'autre, j'ai institué la règle du « 50/50 », une cuillère pour Clélia, une cuillère pour papa. Mais j'ai tendance à lui laisser finir les plats. Sauf qu'aujourd'hui Clélia manque d'appétit. Alors, c'est ma fringale qui l'emporte. J'ai envie de revoir la Cavern.

Dans les couloirs du musée, Clélia va droit à ses repères : Mathew Street, le Sous-Marin Jaune, Abbey Road. Arrivés devant la vitre qui nous sépare de la pièce blanche d'*Imagine*, nous nous arrêtons un long moment. La chanson revient obstinément, les visiteurs nous bousculent pour passer. Apparemment, il n'y a là qu'un piano peint en blanc, une paire de lunettes cerclées, une Épiphone *Casino* posée contre un mur et des voilages qui ondulent dans un léger courant d'air. Pourtant…

Imagine a des pouvoirs occultes, on peut l'entendre là où la radio ne reçoit plus rien. J'en ai fait l'expérience, un jour, sur une route déserte entre Oran et El Asnam. J'étais dans un taxi qui me conduisait à Alger. Le chauffeur venait d'allumer la radio. Au milieu d'une bouillie entrecoupée de silences, j'avais entendu le piano d'*Imagine*, et le son était devenu d'une grande clarté. La route s'était soudainement peuplée. Des voitures chargées de fleurs et de rubans nous dépassaient. C'était un mariage. La fin du cortège avait coïncidé avec les dernières notes de la chanson et les crachotements avaient repris.

Je veux percer le secret d'*Imagine*. À la boutique du musée, j'achète un CD 3 titres incluant, en bonus, le clip tourné à Tittenhurst. Je glisse le disque dans le lecteur de la voiture. Sous la pluie qui noircit les briques des docks, le grand air lennonien s'élève. Mais quelque chose ne colle pas : les mots chantent l'espoir, la musique respire le désenchantement.

Revenu à l'hôtel, je regarde la vidéo sur mon ordinateur. L'ambiance en est curieuse, onirique et mortifère à la fois. Yoko, ouvrant un à un les volets et laissant la lumière pénétrer dans la pièce, la recouvre comme d'un linceul. Yoko la Japonaise est en deuil.

Il y a autre chose : le couple paraît avoir vieilli de vingt ans en quelques mois. Dans les jardins de Tittenhurst, John et Yoko, vêtus de fourrure et écrasés sous de larges chapeaux, avancent à pas de vieillards vers la porte d'entrée, où l'on peut lire : « Ce n'est pas ici. » Leurs deux silhouettes, fondues dans le paysage surexposé, semblent deux fantômes.

Tittenhurst est-il un lieu maudit? Quelques mois auparavant, avant la séparation officielle, c'est là que s'est tenue la dernière séance photo du groupe. Les Quatre ressemblent à une bande de cow-boys harassés. Harrison a les joues creuses, les traits tirés et l'œil noir. Ringo fixe le vide. John, que ses petites lunettes ont transformé en *medicine man*, hésite entre dureté et mépris. Seul Paul est glabre. Et souriant. L'odeur de la quille, sans doute…

Aucune joie ne passe dans les regards. On a l'impression qu'une substance vitale est en train de les quitter, comme si leur musique n'était faite que de leur chair, de leur sang et de leur âme. Comme s'ils n'avaient d'autre choix que de se séparer pour ne pas mourir.

« À quoi tu penses ? demande Clélia.

– À rien…

– Ça va ? Tu fais une drôle de tête ?

– C'est plutôt eux qui font une drôle de tête, tu ne trouves pas ?

– Non. Tu veux encore regarder le clip ?

– Non.

– Je peux mettre autre chose ?

– Ce que tu veux… »

Elle a choisi *Back In The USSR*, se lève et danse.

« Ça t'embête si je mets "repeat" ?

– Non, au contraire. »

Une fois, deux fois, vingt, peut-être, jusqu'à épuisement. Elle s'abat sur le lit, le front couvert de sueur.

« Ouah, j'en peux plus.

– Je t'ai vue chanter. Tu connais les paroles ?

– Non… J'invente… Tiens, je vais mettre un truc plus lent et tu vas me dire si je connais bien.

– D'accord.

– Tu m'écoutes, hein !

– Oui. »

L'intro de *I Should Have Known Better* retentit. Clélia chante les deux premiers couplets et le refrain.

« Bravo !

– Je la sais bien ?

– Oui. Dis-moi, toi, tu comprends ce que tu chantes ?

– Non, pourquoi ?

– Comme ça. Tu veux que je traduise ?

– Non ! »

Clélia a raison, le rock'n'roll, c'est une danse. Peu importent les paroles. Ceux qui chantent ne les connaissent pas[23], et ceux qui les connaissent ne savent pas danser.

Chapitre 13

Fume, fume, fume (dans les toilettes)

Dimanche 21 avril

Il pleut des cordes. Clélia, rivée devant la télévision, accueille toutes mes suggestions de promenade en faisant la moue. Elle s'ennuie. Elle est impatiente de rejoindre sa maman. Liverpool a cessé de l'émerveiller.

En début d'après-midi, nous quittons le Trials pour l'Adelphi. J'espérais y retrouver la saveur du premier voyage, mais la chambre 117 n'est plus qu'un souvenir Nous sommes installés dans une pièce obscure, la fenêtre donne sur une terrasse couverte de détritus. Pour atteindre le téléviseur, il faut se frayer un chemin entre le fauteuil et le lit. De toute façon, l'écran ne diffuse qu'une neige mêlée de confettis rouges et la télécommande est introuvable. Pourtant, Clélia juge l'endroit à sa convenance : elle dispose de sa propre chambre, un réduit tout en longueur, à peine éclairé par un vasistas, mais séparé de mon territoire par un petit corridor.

Elle a pris possession des lieux, disposé sur la table de nuit les dernières trouvailles rapportées de chez Steve et elle écoute une reprise de *Fun, Fun, Fun* par un trio pop british.

« Ça t'embête pas que j'écoute autre chose que les Beatles ?

– Mais non, quelle idée. En plus, ils sont bons, tes nouveaux amis. »

Les trois jeunes gens se sont fait une tête de « boys band », mais ils ont su préserver l'esprit joyeux de la chanson, un joyau pop poussé par un riff d'intro emprunté à Chuck Berry.

« Tu sais comment ça s'appelait en français ? dis-je à Clélia. *Fume, fume, fume.* »

Elle hausse les épaules.

« Je t'assure que c'est vrai.

– Eh bien, si c'est vrai, c'est vraiment nul.

– Moi, je trouvais ça drôle. Le refrain disait *"Fume, fume, fume, fais de la fumée sur tout ça"*. Tu sais ce qu'elle raconte, la chanson des Beach Boys ?

– Non, et je m'en fiche un peu.

– Ça devrait t'intéresser, pourtant. C'est l'histoire d'une fille qui a emprunté la voiture de son père, sans qu'il le sache. D'habitude, ce sont les garçons qui piquent les voitures des parents.

– Tu l'as fait, toi ?

– Heu... oui...

– Je le ferai aussi, si ça se trouve...

– Ah ouais ?

– J'ai dit "Si ça se trouve". Quand j'aurai le petit permis...

– Le petit permis ?

– Oui, tu sais, à seize ans, on a le droit de conduire si on est avec un adulte. Sauf que là, hem, tu seras pas là... »

Clélia retourne à son *Fun, Fun, Fun.* Voilà la force des filles : elles mènent la danse. Si le groupe leur donne envie de bouger, elles s'approchent de la scène. Et si les garçons sont beaux, la partie est gagnée.

En 1961, on comptait jusqu'à quatre cents groupes à Liverpool. Pour la plupart venus des quartiers populaires, ils se produisaient pour des cacahuètes, disposaient d'un matériel à bout de souffle, mais tous avaient un fort potentiel de séduction. En ce temps-là, déjà, c'étaient les filles qui décidaient.

Lorsque les Beatles donnèrent leur premier concert à Paris en 1964, ils furent étonnés de se retrouver face à des garçons qui ne criaient pas, ne dansaient pas et applaudissaient entre les morceaux. George en était stupéfait : c'était la première fois depuis des années qu'il s'entendait chanter. Paul, lui, s'interrogea sur la sexualité des jeunes Français.

Sans les cris des filles, la bande-son des années 1960 perdrait sa tonalité particulière, cette stridence continue qui pouvait avoir des effets inattendus. Au troisième jour de tournage du show télévisé qui conclut *A Hard Day's Night*, un cameraman, installé au milieu du public au balcon du Scala, dut aller consulter un dentiste : ses molaires se déchaussaient. Le médecin estima que la cause en était la vibration produite par les hurlements.

C'était pourtant une hystérie bien inoffensive, et les parents s'inquiétaient sans raison. Les demoiselles hurleuses étaient très fleur bleue, et ne voyaient sur scène que des princes charmants électriques.

La légende voudrait que le rock ne fût que gémissements lubriques et déhanchements vicieux, mais, pour la plupart, les tubes de l'époque se calaient sur l'imaginaire des teenagers et racontaient surtout des bluettes. Presley savait qu'après *Hound Dog* il avait intérêt à faire *Love Me Tender*.

Les garçons prenaient des poses de *tough guys*, mais ils aimaient qu'on chante leurs chagrins d'amour. Bobby Vee demandait à celui qui venait de lui piquer sa petite amie de « prendre bien soin d'elle », les Everly Brothers geignaient: « J'ai été trahi, maltraité, quand retrouverai-je l'amour ? » Et la Betty des Shangri-Las avait rencontré le chef de la bande – un motard, pourtant – « chez le marchand de bonbons ».

Rip It Up commençait par « *Saturday night and I just got paid* », comme Viens Poupoule (« Le samedi soir, après le turbin… »). On restait dans le « High School Confidential » : oserais-je danser avec elle ? Comment obtenir la permission de minuit ? Comment obtenir l'argent pour acheter le pantalon rose que j'ai vu en vitrine ? Vais-je réussir à convaincre mes parents de me prêter leur voiture ?

En 1958, Lennon aurait décidé d'engager McCartney dans ses Quarrymen parce qu'il savait par cœur les paroles du *Twenty Flight Rock* d'Eddie Cochran. (Jusque-là, seuls les Kingstrums, un autre groupe du coin, les connaissaient aussi bien ; ils étaient allés voir deux fois de suite *La Blonde et moi* pour copier les paroles…)

Que raconte *Twenty Flight Rock* ? L'histoire d'un jeune homme dont la petite amie a un électrophone, des disques de rock et habite au vingtième étage. Mais l'ascenseur est en panne et, quand il rejoint sa dulcinée, le jeune homme est sur les rotules. Plus question de rocker (ce verbe, pour certaines grandes personnes, aurait un double sens).

Un des plus grands succès du même Eddie Cochran fut un slow rock, *Three Steps To Heaven* (« Le paradis en trois étapes ») : « Étape un : tu trouves une fille que tu aimes/ Étape deux : elle tombe amoureuse de toi/Étape trois : tu l'embrasses et tu la serres dans tes bras/Ouais, c'est ça, pour moi, le Paradis/La formule pour aller au Paradis, c'est simple/Suis les règles et tu verras/Et si parfois ça tourne mal/Reprends les étapes un, deux, trois. »

La chanson était dans le droit-fil des thèmes pour adolescents de l'époque, quand Paul – celui de Paul et Paula –

chantait « Hey Paula, je veux t'épouser/J'ai attendu si longtemps que l'école soit finie/Paula, je n'en peux plus/Mon amour, mon amour », et que Paula répondait « Hey, Paul, moi aussi je veux t'épouser ». Une pâmoison à l'unisson, digne de Peter et Sloane dans *Besoin de rien, envie de toi*[24].

À Liverpool, à la fin des années 1950, les groupes reprenaient note pour note les hits de leurs mentors américains, rêvant d'une première place dans le *Billboard.* Bob Wooler, le « premier DJ de Liverpool » – il officia à la Cavern –, les évoque dans ses Mémoires [25]. Ils s'appelaient Bennie et les Haricots Sauteurs, Dave et la Horde Sauvage, Liam et les Envahisseurs, Rita et les Renégats, Jet et les Tornades, Eddie et les Tremblements de Terre, les Zéros… Ils jouaient en costume cravate, dosaient habilement les poses voyou et la discipline, faisaient parfois le coup de poing pour délimiter leur territoire, mais savaient se montrer raisonnables et éviter de se fâcher avec les promoteurs. En octobre 1962, le manager de l'Empire, la plus grande salle de Liverpool, avait exigé de Little Richard qu'il ôte son maquillage avant de se produire. Le petit Richard s'était exécuté. La Cavern, au début, était un club de jazz, le rock n'y était que toléré. Les groupes n'avaient pas le droit de fumer sur scène. Harrison se souvient que lorsque lorsqu'ils jouaient des morceaux comme *Whole Lotta Shakin' Goin' On*, la direction leur faisait passer des billets les invitant à se calmer.

Le rock n'était alors qu'un territoire interdit aux adultes, un avatar électrique du bon vieux conflit des générations. Seule sa rencontre avec les prémices de la société de consommation lui donna une ampleur imprévue. L'industrie du disque américaine fabriquait du *teenage idol* à tour de bras, mais ne faisait aucune différence entre le rock'n'roll et ce que les Français appellent « la variété ». La mention

« *File under popular* » – « Classer dans le bac Variété » – figurait aussi bien sur un disque de Buddy Holly que sur le dernier Perry Como.

Le mot « pop » prit un sens différent au début des années 1960. Il désignait une musique rythmée mais au tempo moins rapide et témoignant d'un souci de la mélodie : ce mariage du rock et de la variété, dont les Beatles et les Beach Boys furent les icônes.

Quant à la « pop music », qui a peu à voir avec la musique pop, c'est un fourre-tout inventé à la fin des années 1960 pour ranger côte à côte Leonard Cohen, Vanilla Fudge et les Stooges. On peut y trouver Sinatra, Nancy, mais pas Sinatra, Frank.

La naissance de la pop music coïncide avec celle de l'ère parano, quand certains jugèrent opportun d'ajouter de la paix et de l'amour à la musique. Le rock fut pris de flatulences, les histoires furent remplacées par de laborieux *cut-ups.* Adieu, fun, fun, fun. Jusque-là, le rock s'était contenté de distraire le monde. Il lui fallait désormais le transformer.

L'association rock'n'roll/révolution est une invention *Seventies.* Dans le sillage des *protest singers* et sous l'emprise de divers psychotropes, chacun s'employa à écrire des paroles inbitables. La nouvelle génération ne savait pas danser, mais elle savait lire. Elle passait des heures à déchiffrer les dos de pochettes. C'était le temps du « ouimétavulétext ? ».

Heureusement, tout le monde ne succombait pas. Je me souviens d'une lettre publiée par *Rock & Folk :* un lecteur expliquait avoir toujours cru que *Smoke on the Water* signifiait « fumer dans les toilettes ». Une poignée de cancres persistaient à n'écouter que les Ramones. Dans *And I Love Her*, quelqu'un avait cru entendre « *She gives me everything, and tender veal*[26] ». Un autre apportait une variante intéressante au refrain de *Blowin' In The Wind* de Dylan : « *The ants are my friends, they're blowin' in the wind*[27]... »

La révolution est une distraction de bourgeois. John Graham Mellor, alias feu Joe Strummer, fils de diplomate, avait fréquenté une école privée. Ce détail le hantait, et il s'est efforcé, toute sa vie, de le dissimuler aux journalistes et à ses fans[28]. Il n'aurait pas dû s'inquiéter: la plupart des punks londoniens – c'était encore plus vrai à Paris – étaient des enfants de bonne famille. Vivienne Westwood se souvient que, parmi les clients de sa boutique de King's Road, rares étaient ceux d'origine modeste. Le prolo n'imagine pas porter des vêtements volontairement abîmés – la seule chose qu'il tolère, c'est l'usure.

Le bourgeois se lance dans l'action révolutionnaire animé par l'espoir, le prolo s'y résigne par désespoir. Un gauchiste peut devenir rocker, l'inverse est plus rare. Lennon avait trop mal à l'âme pour jouer les héros de la classe ouvrière. Il préféra la carrière de dandy, ce qui lui épargnait l'engagement politique à une époque où ses alter ego se convertissaient au radicalisme et au rock militant. Il s'inventa une vocation de semi-gourou, une idéologie suffisamment floue pour prétendre changer le monde sans bouleverser son univers. Le *bed-in* a de réels avantages sur la manif. On peut rester couché, dans un bon hôtel, auprès de la femme de sa vie. C'est à peine si l'on est dérangé par les journalistes, le ronronnement de la clim' et le valet de chambre.

Le film *Gimme Some Truth*, consacré à l'enregistrement d'*Imagine*, nous montre un Lennon fumeur à la chaîne de Disque Bleu, théoricien sinueux du libertarisme sexuel, réglant de vieux comptes avec Paul, prenant toute déclaration de Yoko pour parole d'Évangile.

Sa confrontation avec un fan au regard acide, vêtu d'un manteau afghan crasseux, le renvoie à son ambiguïté: engagé, mais pas trop… Le jeune homme insiste, balbutie sa ferveur, tente d'expliquer la résonance de certaines paroles, mais Lennon esquive la confrontation avec le réel

– « Ce ne sont que des paroles de chansons » – et s'en tire par une pirouette : « Tu as faim ? » Le fan hoche la tête. Il est dirigé vers la cuisine où l'abondance de nourritures terrestres ne suffira pas à éteindre la lueur mélancolique de son regard. Lennon, lui, est retourné à son studio, au torrent électrique qui anesthésie ses pensées.

Ma vocation de social-traître remonte au milieu des années 1960, quand mon sentiment d'appartenir au prolétariat se fit de plus en plus ténu. Mes deux camarades « fils d'ouvriers » qui avaient tenté l'aventure lycéenne avaient renoncé en chemin. Je ne fréquentais plus que des bourgeois, qui me prêtaient une raquette de tennis pour jouer sur leur court privé. J'appréciais leurs villas cossues et leurs filles pleines de santé.

Je n'avais toujours pas choisi entre Dieu, Marx et les lycéennes. Pour réveiller ma conscience de classe, je m'essayai à la poésie engagée, glissai quelques « lueurs de hauts fourneaux » dans des vers libres et allai les montrer à un professeur de français, Monsieur Vargaftig, qui venait de publier à la NRF – à compte d'auteur, me semble-t-il – une plaquette de vers, *La Véraison.* Il hocha la tête et m'invita à travailler davantage...

Dans un ultime effort, je me remis à écrire des vers avec encore plus de hauts fourneaux. Mais le cœur n'y était plus. Une camarade de classe blonde, une « fille d'ingénieur », me détournait régulièrement de mes tentations austères. Je fis le pari qu'elle deviendrait ma femme, mais sa conscience de classe était supérieure à la mienne. Au retour des grandes vacances, elle m'apprit, par téléphone, qu'elle épousait un jeune homme de son monde.

Lorsque j'entrai en fac de lettres, à Nancy, en 1967, j'adhérai à l'UEC. J'avais envie d'action. On me donna *Clarté* à distribuer sous les rares quolibets de quelques étudiants de droite. Je passai mes nuits à coller des affiches sans être dérangé par le moindre fasciste.

Mes camarades communistes avaient le verbe facile et des déboires conjugaux permanents. Ils se consolaient en se dévouant encore plus à leur engagement politique. Dépourvu d'épouse volage, j'eus cependant le sentiment d'être moi aussi un homme trompé : on ne s'intéressait pas à mes hésitations, on m'enjoignait de ne rien discuter du dogme et de cesser de poser des questions sur le sort d'Andrei Siniavski. Désireux de m'éprouver, les camarades me chargèrent de faire la synthèse du XVIIIe congrès du Parti, et j'eus ma première indigestion de langue de bois.

Je décidai de passer plus de temps avec les femmes des camarades, surtout en leur absence. Nous parlions chiffons, je leur comptais fleurette. J'avais perçu chez elles une communauté d'idées : le Grand Soir ne remplacerait jamais une bonne soirée.

Avide d'absolu, je me tournai un temps vers les maos dans l'espoir de mettre un peu de piquant dans ma morne vie de militant de base. Mais après quelques complots ourdis à la terrasse du bar le plus chic de Nancy, je revins à mes drôles de cocos et à leurs femmes infidèles. Je pris le parti d'aller plus souvent au cinéma, et vis jusqu'à huit films par semaine. Mes études s'en ressentirent et mon père me coupa les vivres.

L'année suivante, devenu pion au lycée de Longwy pour survivre, je traînai ce qu'il me restait de fibre politique jusqu'à la cellule locale du PC. On me reçut avec circonspection : je portais des costumes de velours, mais pas de la grosse côte, du milleraies. Je fumais des cigares, chipotais sur des détails de la Vulgate, préférais les rendez-vous galants aux réunions de cellule. Après trois mois de militantisme tiède, je rendis mon marteau et ma faucille.

Mai 68 me surprit dans cette torpeur provinciale.

J'appris que la jeunesse s'ennuyait. Je la plaignis. Moi qui venais d'échapper à la tyrannie paternelle – mais pas totalement, car l'on n'était majeur qu'à vingt et un ans –, qui découvrais le cinéma, les filles et la grande ville, je n'avais pas assez de mes journées.

J'ai, de ce mois de mai, les souvenirs les plus flous. La révolution n'avait pas fait son chemin jusqu'en ce coin de Lorraine. Les dernières grèves dures remontaient à 1953. Depuis, on travaillait. Les prolétaires que je fréquentais n'en souffraient guère, les plus jeunes m'avaient expliqué leur version du « portemanteau italien ». (Cette pratique m'a été expliquée par un fonctionnaire du ministère des Finances. Elle consiste à venir déposer un vêtement et à créer un léger désordre sur son bureau, afin d'attester de sa présence. Ensuite, on peut aller flâner en ville et ne revenir que pour la fermeture, le temps de ranger gomme et crayons et de récupérer le vêtement. Il est judicieux de prévoir deux manteaux en hiver.)

Il y avait *l'Usine* pour la vie, les colos pour les vacances, la Coopérative pour les courses, le Centre d'apprentissage pour ceux qui voulaient devenir ouvriers spécialisés et l'École ménagère pour celles qui les épouseraient. La société paternaliste des héritiers des maîtres de forge lorrains semblait garante d'un présent radieux. L'agitation parisienne, c'était une guerre du bout du monde, une famine africaine. L'ouvrier suivait l'affaire en hochant la tête. Il comprenait mal le désir de ces jeunes d'entrer dans une carrière dont il rêvait de sortir.

À Nancy, les étudiants occupaient les facs. Au lycée de Longwy, tous les profs étaient en grève. Ce fut l'occasion de multiplier les parties de tarot avec les autres pions. Puis, les rangs des élèves s'étant clairsemés, tout le monde resta chez soi.

Une après-midi de la fin mai, j'entendis, à la radio d'un

café du centre-ville, que tout allait rentrer dans l'ordre. Il restait un mois à tirer avant les vacances. Ma conscience politique retourna à sa somnolence.

Je me préparais à un autre destin. J'avais croisé le chemin de groupes pop qui me laissaient plier leurs pieds de micros. Je sentais là ma vraie vocation : je serais un fantassin du rock'n'roll, un grognard électrique.

Chapitre 14

Imprimez la légende

Lundi 22 avril

L'avion vient de quitter Manchester. Dans une heure, nous serons en France. Je suis plongé dans *Beatles For Sale*, de David Rowley[29]. L'auteur a décidé de « tout » révéler sur les compromissions auxquelles les Beatles se seraient livrés à leurs débuts. Il s'agit de remettre les pendules à l'heure, car, déplore Rowley, la plupart des gens semblent ne connaître des Beatles que le côté conte de fées. « C'est la faute aux éditeurs, fulmine-t-il. Ils considèrent que les gens préfèrent le mythe et ne souhaitent pas obtenir d'explications rationnelles. Nous devons nous montrer capables de considérer l'œuvre des Beatles comme celles de Mozart ou de Shakespeare. »

« Tu entends ça, Clélia, dans ce livre, on dit que les Beatles, c'est comme Shakespeare et Mozart.

– Shakespeare, je veux bien, d'abord, il est anglais, mais si les Beatles c'était comme Mozart, je les aurais jamais écoutés.

– Pourquoi, tu n'aimes pas les Autrichiens ?

– C'est pas ça… T'as déjà entendu du Mozart ?… T'imagines… »

Monsieur Rowley a estimé qu'il était temps de révéler sa vérité : pour leurs premiers tubes, les Quatre de Liverpool se seraient reniés plusieurs fois, au nom du marketing, au point que s'ils refusaient de venir jouer dans leur ville natale, c'était par crainte de se faire siffler par leurs premiers fans. Monsieur Rowley semble ignorer que le public des années 1960 avait des désirs bien plus simples qu'il ne l'imagine, son exigence première étant de retrouver *live* ce qu'il avait entendu à la radio. Les groupes étaient autant de juke-box à sa disposition. Ils reprenaient des chansons de Paul Anka et de Louis Armstrong, de Chuck Berry et de Sinatra, de Ray Charles et de Bobby Vee.

À une époque où, faute du moindre contact discographique, les compromissions commerciales ne devaient guère les préoccuper, les Beatles avaient à leur répertoire, au milieu de titres empruntés à Little Richard, Larry Williams ou Gene Vincent, le *Fallin' In Love Again* de Marlene Dietrich et *I Remember You* du roi du yodel australien Frank Ifield.

Le double CD *Live at the BBC*[30], qui rassemble des enregistrements effectués entre janvier 1963 et mai 1965, est un condensé de l'esprit de cette époque, celle des trois cent soixante-cinq concerts par an, des chansons rejouées à l'envi depuis le Star Club et la Cavern. On y retrouve la fougue, la bonne humeur et l'incroyable maîtrise qui permettaient aux Beatles d'enchaîner une ballade des Shirelles à une version déchaînée de *That's All Right Mama* en passant par du country, du doowop et du rhythm'n'blues.

Peu importe, Rowley tient son gimmick : les Beatles étaient avides de succès et de gloire, prêts à tout pour réussir, « comme n'importe quel *boys band* d'aujourd'hui ». Pour appuyer sa démonstration, il exhume une interview de *Rolling Stone*, réalisée en 1970, où Lennon reconnaît que pour s'en sortir il fallait être un « salaud », et que les Beatles durent leur réussite exceptionnelle au fait qu'ils étaient « les plus grands salauds de la terre ». Mais irait-on cachetonner sur le Reeperbahn à Hambourg pour le simple plaisir d'en baver ? Le chemin qui mène au hit-parade est plus tortueux qui celui qui conduit, chaque matin, derrière une machine à écrire, David-Pas-De-Compromis-Rowley devrait le savoir.

Les quatre kids de Liverpool n'avaient pas de plan de carrière. Ils ont tout accepté, le passage par les quartiers réservés, la fréquentation des demi-sels et les amphétamines des managers de boîtes de nuit, parce qu'ils n'avaient rien à perdre. Ils ne disposaient d'aucune base de repli. Après le régime marche ou crève du Star Club, au nom de quoi auraient-ils refusé la main que leur tendait le très propre sur lui Brian Epstein ? Pourquoi, après avoir enfin mis le pied dans la porte des studios EMI, n'auraient-ils pas suivi les « suggestions » émollientes de George Martin, uniquement préoccupé, selon Rowley, de mettre la main sur des challengers de Cliff Richard ? Grâce à ces « compromissions », ils ont pu signer quelques années plus tard des disques sans compromis comme *Revolver* ou *Sergeant Pepper's*, au lieu de partager le destin de leurs camarades de la classe 42, Herman's Hermits, Searchers et autres Swinging Blue Jeans, aujourd'hui réduits à donner deux cents concerts par an dans des salles de baloche teutonnes ou bataves.

« C'est bien, ton livre ? me demande Clélia.

– Oui et non. Plutôt non, d'ailleurs.

– Pourquoi ?

– Oh, pour rien. C'est des histoires de journaliste. Il faut bien trouver des idées. Alors, celui-là pense que les Beatles n'étaient pas, comment dire ? sincères.

– Je comprends pas. Sincères pour quoi ?

– Il dit qu'ils ont accepté de jouer des choses qu'ils n'aimaient pas, uniquement pour pouvoir faire des disques.

– Ah ouais ? Lesquelles.
– *Love Me Do, P.S. I Love You…*
– Attends, elles sont super, celles-là.
– Oui, tu as raison. Je devrais arrêter de lire… »

Le rock doit une fière chandelle au « cynisme » des Beatles et à leur désir de devenir plus célèbres que Jésus. Tête de pont de la *British Invasion*, ils ont dépossédé l'Amérique du titre de *Home of Rock'n'Roll*. Ils ont répandu la bonne nouvelle dans des contrées où Jerry Lee Lewis aurait été brûlé comme sorcier. Ils ont permis à la jeunesse mondiale de trouver une âme sœur grâce au club de rencontres du Sergeant Pepper.

Ont-ils vraiment tout inventé, y compris les Beach Boys, comme le hasarde, un sourire aux lèvres, George Harrison ? Quelle importance. Ils ont rassemblé, ils ont transmis. Ce pouvoir évangélique tracasse Monsieur Rowley, qui affirme être un « *fanatical fan* ». On pourrait traduire ça par « fan stalinien », une catégorie qui s'arroge le droit de décréter ce qui est bon pour l'artiste et réclame son pesant de ritournelles. Si l'artiste ignore ses conseils, le fanatical fan s'adresse à lui comme à un autiste et lui explique qu'il fait fausse route. Et si l'artiste répond que tout est fini, il refuse de l'entendre, comme l'amant délaissé de *For No One* : « *… you don't believe her when she says her love is dead, you think she needs you.* » Le fan stalinien est un cocu pas content.

On ne devrait écouter la musique qu'avec ses oreilles. Même Beethoven a commencé comme ça. Le vrai fan ne songe qu'à son plaisir. Il aime et ne compte pas, ne craint pas la surdose de légende. Il prend parfois sa star favorite pour un demi-dieu, lui attribue d'occultes pouvoirs. C'est sa façon de rendre grâce au génie. Loyal, le vrai fan n'abandonne pas son idole dans la panade. Il ne casse pas ses disques des Ronettes parce que Phil Spector est soupçonné d'avoir assassiné une actrice de série B. Il pardonne à Frankie Avalon d'avoir lancé une ligne diétético-esthéthique avec autobronzants et lotions miracles contre la chute des cheveux. Il commande ses gâteaux de Halloween à Jane Asher, l'ex de Paul, sur son site Internet spécialisé dans la pâtisserie festive de luxe. Le vrai fan sait dire merci.

Dans les couloirs de Beatles Story, dans les boutiques de Mathew Street, Clélia m'a montré le chemin : aimer, danser, chanter. Nous allons poursuivre la chasse au trésor, visiter les lieux où *ils* ont posé ne serait-ce qu'un petit doigt. Si je gagne au TacOTac, nous irons chez Tracks[31], le spécialiste du souvenir Beatles. C'est une maison sérieuse, qui ne fait pas dans le chewing-gum à 2 £. Un poster noir et blanc de John et Yoko, portant la signature de John et la mention « *Love from John and Yoko Lennon* » y est mis à prix à 70 000 £ ; une carte postale signée par les quatre Beatles au verso et par Pete Best au recto proposée pour 6 995 £.

Au diable l'histoire, moi aussi je veux de l'hagiographie. Le rêve secret du fan, c'est de ressusciter quelque chose, que tout redevienne comme avant, que rien jamais ne change. Que l'histoire soit si belle qu'il s'endorme chaque soir avant d'en connaître la fin.

Chapitre 15

Extérieurs jour

La veille du onzième anniversaire de Clélia, ma liste « cadeau Beatles » se résumait à *Yellow Submarine*. J'ajoutai dans mon panier quatre épisodes de *Chapeau melon et bottes de cuir*.

Après plusieurs tours de sous-marin jaune, Clélia remonta à la surface et m'adressa un regard « qu'est-ce-que-j'peux-faire-j'sais-pas-quoi-faire ». Je lui proposai un *Chapeau melon* intitulé « Miroirs ». Elle s'empara du boîtier du DVD, fit la moue.

« C'est bien ?

– Moi, j'adore. C'est drôle, très anglais, très années soixante. La fille est incroyable : elle est plus forte que les garçons…

– Hum… »

Peu convaincue, Clélia mit le lecteur en marche. Au générique de fin, conquise, elle demanda l'autorisation de voir un autre épisode.

De Tara, elle aimait l'appartement psychédélique, les twin-sets pistache, les mini-robes fuchsia et la manière de souffler sur sa frange pour se recoiffer après avoir envoyé trois lourdauds au tapis. De Steed, elle jalousait le melon « doublé » de fonte. À cela s'ajoutait le plaisir de rouler, à gauche, en Rolls Silver Ghost 1927 jaune, de passer d'un

Londres ultramoderne, truffé d'espions venus de l'Est et de savants fous cupides, à une campagne assoupie, cachant de vastes demeures géorgiennes où l'on grignotait des muffins avant de faire le coup de poing.

Dans cette guerre en dentelle à l'anglaise, on ne voyait pas la moindre goutte de sang. Les méchants, quand ils n'étaient pas victimes de leur ridicule, mouraient en râlant de manière théâtrale – parfois simplement transpercés par une aiguille à tricoter... –, les plus coopératifs lâchaient les deux premières syllabes du nom de leur chef, l'inventeur d'une machine à détruire le monde – lumières clignotantes, cadrans aux aiguilles affolées, bruits de Spoutnik.

Les *Avengers* – nous les appelions par leur vrai nom, c'était plus court – étaient arrivés à point pour relayer une Beatlemania qui tournait un peu en rond. Nous avions du pain sur la planche : ce *Club des Cinq* pour grandes personnes compte cent cinquante-deux épisodes.

Lumières éteintes, rideaux tirés, nous nous faisions notre cinéma. Que Steed et Tara fussent des personnages de fiction ne nous embarrassait guère : en quelques épisodes, ils étaient devenus des êtres de chair et de sang, et nous en parlions comme de nos meilleurs amis. Pendant cinquante-deux minutes, nous vivions ailleurs, un ailleurs qui, ça tombait bien, nous ramenait dans le *Swinging London.* On y dansait le twist dans les cocktails et les Beatles n'étaient jamais loin. (Dans un épisode de 1966, « Maille à partir avec les taties », le magasin de costumes de théâtre est tenu par les Jacques Brothers, John, Paul, George et Fred.)

Les maniaques de la série se comptent par milliers, mais je fus impressionné par *A guide to Avengerland*[32], qui recensait *tous* les extérieurs utilisés dans *Chapeau melon.* Quatre cartes (*Outer Avengerland West* et *East* et *Inner Avengerland West* et *East*) permettaient de localiser maisons, bâtiments, hôtels, rues, pubs, carrefours, grilles de propriétés, une constellation de détails dont certains n'étaient pas apparus à l'écran plus de deux ou trois secondes. La plupart de ces lieux étaient situés dans un rayon de dix kilomètres autour d'Elstree, une petite ville du nord-ouest de Londres abritant les studios où étaient tournées les séries.

L'idée de mon prochain voyage avec Clélia était toute trouvée : nous irions visiter le pays des *Avengers*. Entouré de cartes, de compas, de boussoles et d'astrolabes, je préparai fiévreusement notre itinéraire.

Dimanche 30 juin

La Grande-Bretagne paresse sous un soleil ardent. Ce phénomène inquiétant dure depuis plus de deux semaines mais à peine avons-nous posé le pied à Portsmouth que le ciel se couvre. Deux heures plus tard, alors que nous traversons Chelsea, les premières gouttes de pluie et quelques bourrasques ont rendu ses couleurs à Londres.

Nous laissons nos bagages à l'hôtel et roulons vers Primrose Hill. Au numéro 19a de Chalcot Crescent, une petite rue au nord de Regent's Park, l'immeuble de trois étages qui faisait office d'extérieur pour l'appartement de Tara King n'attend que nous et la Bentley de Steed. À l'exception de la porte d'entrée devenue une fenêtre, tout est intact. Les immeubles d'en face, souvent filmés en contre-plongée depuis la fenêtre de Tara, ont conservé leurs couleurs, vert bouteille, lilas et saumon.

À dix minutes de chez Tara, dans le quartier huppé de Highgate, *Highpoint*, l'immeuble qui abrite le premier appartement d'Emma Peel, curieux mélange d'audace 1950 et de classicisme, avec ses deux cariatides soutenant l'auvent du porche, a eu la délicatesse de rester noir et blanc, comme les épisodes où il apparaissait[33]. John Bates, le styliste de Diana Rigg, jouant habilement avec ce noir et blanc, avait créé un style Mrs Peel, quelque chose de Courrèges revu par Mary Quant. *Chapeau melon* était alors le laboratoire où l'on expérimentait les audaces à venir. Emma portait la minijupe avec une grâce inégalée et devint une pionnière de la ligne courte mais sage. C'est avec l'arrivée de Tara King (Linda Thorson), en 1968, que l'on passa à la micro-jupe. Les spécialistes du ralenti ne comptent plus les épisodes où Tara dévoile d'intimes dentelles.

Chez Steed, dans la ruelle de Duchess Mews, à quelques dizaines de mètres de la BBC, le décor est plus traditionnel. Steed est le Tory de service, la quintessence de l'Angleterre du flegme et du thé au Palm Court, « *British by birth, nature and inclination*[34] ». Il vit à Westminster, dans un duplex, conduit une Bentley 1926 ou une Rolls 1923, s'habille sur mesure. (Patrick Macnee, qui s'était d'abord adjoint les services de Pierre Cardin, dessinera la plupart des tenues de Steed.) Avec lui, pas d'extravagance : tradition et confort, matières nobles et prédilection pour les *boots* de daim. Contrairement à ses partenaires féminines, Steed n'est pas un *trendsetter,* mais un représentant de l'éternel gentleman taillé dans les ateliers de Savile Row. Par ses origines, son éducation et ses faits d'armes, il représente l'élite, l'aristocratie. Il connaît le déroulement des batailles napoléoniennes par cœur, les reproduit avec sa collection de soldats de plomb.

Steed ne doit rien à personne et ne demande jamais l'addition – dans les *Avengers,* l'argent n'apparaît que comme moyen de corruption – mais il ne manque jamais de champagne ou de grands crus français.

Professionnel au service de Sa Majesté, Steed est le discret prédécesseur de James Bond, avec une différence de taille : Patrick Macnee ne se contente pas de jouer les smokings ambulants à la Roger Moore, il n'est pas un macho nouveau riche. Autant que faire se peut, il s'efface pour laisser la victoire aux dames, se contentant, parfois, du privilège d'avoir le dernier mot. Car la série est délibérément féministe, et ce dès l'apparition de Cathy Gale (Honor Blackman), la première partenaire de Steed. Cathy a un métier, un appartement et se bat comme un homme. Elle a eu un mari, disparu quelque part en Afrique, mais ce n'est pas une veuve sicilienne, c'est une grande fille qui s'offre des aventures. Tout cela en 1962. (En France, jusqu'en 1965, les femmes mariées qui voulaient travailler devaient obtenir l'autorisation de leur époux.)

Clélia lève les yeux vers la fenêtre de Steed.
« C'est vraiment comme dans la série », note-t-elle.
La façade de Duchess Mews, qui n'a jamais servi que de brefs plans de coupe, prend une épaisseur particulière. Face aux maisons natales des Beatles, il fallait fermer les yeux pour appréhender des bribes du passé. Ici, tout est resté tel quel. Comme Emma et Tara, Steed semble plus proche que Paul et Ringo. Le silence des lieux, l'absence manifeste de leurs occupants de fantaisie ne nous trouble pas.
« J'ai l'impression qu'il n'y a personne, ajoute-t-elle.
– Il a dû sortir.
– Qui ça ?
– Ben, Steed. »
Clélia hausse les épaules. Il n'y a que les grandes personnes pour croire que les héros d'un film ont existé.

Lundi 1er juillet

Le climat anglais a repris le dessus. Il pleut, le thermomètre est repassé sous les quinze degrés. Nous mettons le cap vers le nord-ouest jusqu'à rejoindre la campagne voisine d'Aldbury, « le village de la mort ». La petite mare où l'on supplicie Emma est bien là, entre la bibliothèque et le pub, mais les tueurs ont fui.

Nous passons la journée à nous perdre dans la banlieue cossue qui jouxte les studios d'Elstree, un entrelacs de routes étroites bordées de propriétés dont les maisons, protégées par des murs de végétation, restent invisibles. Ce ne sont que portails monumentaux, grilles ouvragées, comme à Camfield Place, la villa de feu Barbara Cartland, où Steed se réfugie dans « Requiem ».

La moindre grange, un clocher, le beffroi d'une université nous entraînent dans d'âpres discussions. Certains lieux n'évoquent rien pour Clélia, d'autres nous rappellent des scènes différentes. Nous réglerons cela le soir même à l'hôtel : j'ai emporté quelques DVD afin de comparer les lieux et ce qu'ils sont devenus.

Nous verrons ainsi l'aéroport désaffecté de Bovingdon (la base aérienne de « L'heure perdue ») ; Shenley Hall (la maison de Benstead dans « La chasse au trésor ») ; l'entrée du golf de Dyrham (celui de « Le jeu s'arrête au 13 ») ; Shenley Lodge (la maison de « L'héritage diabolique »). Entre autres... Cette promenade n'ayant de sens que pour les fans hardcore de *Chapeau melon*, je n'en retiendrai que deux moments forts, le Tyke's Water Lake et Grim's Dyke Park.

Pour atteindre le premier, situé dans une propriété privée, à quelques kilomètres à l'est d'Elstree, il faut, après avoir sollicité la permission de la gardienne, patauger dans un chemin boueux truffé d'ornières menant à une pièce d'eau – le mot lac serait présomptueux – couverte de nénuphars.

L'endroit, filmé sous tous les angles possibles, apparaît dans plus d'une dizaine d'épisodes. On y canote, on y pêche, on s'y bat furieusement. Le « lac » est traversé par un pont de grès rose sous lequel Emma entame une lutte furieuse avec un homme-grenouille dans « Meurtres à épisodes ». Surtout, c'est sur lui que Tara court dans le générique des trente-trois épisodes de la Saison 6.

Je m'apprête à photographier Clélia sur notre parapet favori lorsqu'une bande de collégiens en uniforme surgit du bois voisin. Clélia redescend illico et refuse de remonter tant que la petite troupe n'aura pas quitté les lieux.

La nuit commence à tomber quand nous atteignons la dernière étape de notre exploration : Grim's Dyke Park, la maison du maniaque de « Jeux ». Construite à la fin du XIXe dans un style néo-Tudor mâtiné de touches élisabéthaines, mêlant brique, bardeaux et colombages, Grim's Dyke fut la propriété de William Schwenck Gilbert, la moitié de Gilbert et Sullivan, auteurs de dizaines d'opérettes victoriennes à succès qui, hormis *Les Pirates de Penzance*, n'ont jamais traversé la Manche.

La maison, aux proportions imposantes, s'élève au milieu d'un parc d'une quinzaine d'hectares. On est à moins de dix kilomètres du cœur de Londres, mais on n'entend là que le chant des oiseaux et le bruit du vent. Elle fut, dans les années 1960, transformée en studio de cinéma – l'épisode du *Saint* intitulé « Les créateurs de fiction » s'y déroule presque entièrement. C'est aujourd'hui un hôtel-restaurant de luxe.

Il fait nuit noire, la journée a été longue, Clélia demande grâce. Nous quittons les jardins de Monsieur Gilbert et rentrons à l'hôtel, vérifier, sur les DVD, que le pays des *Avengers* est toujours intact.

À quelques touches de couleur près, et malgré la destruction du Salisbury Crest, le pub d'Essendon vu dans « L'invasion des terriens », le décor des *Avengers* a vaillamment résisté aux quarante années écoulées. Ce n'est pas tout à fait le cas de Honor Blackman, que nous apercevons, par hasard, dans un épisode d'*Inspecteur Barnaby*, où elle joue une octogénaire excentrique au visage parcheminé.

Heureusement, les héros de celluloïd ne meurent jamais. Cathy Cale n'a pas pris une ride.

« On fait quoi, demain ? demande Clélia en bâillant.

– Ça dépendra du temps. S'il fait beau, nous irons voir la maison de John dans le Surrey.

– Et s'il pleut ?

– S'il pleut, on fera les boutiques. Enfin, les vitrines...

– Promis ?

– Promis. »

Clélia s'est agenouillée au pied du lit et, les mains jointes, implore de manière théâtrale :

« Mon Dieu, *please*, faites qu'il pleuve. »

Jeudi 4 juillet

Dieu parle anglais. Du sommet de Primrose Hill, Londres n'est plus qu'un rideau de brume ponctué de quelques tours grises. Nous descendons vers Knightsbridge nous réchauffer au soleil égyptien de Harrod's, transformé, par le génie de Mohamed Al Fayed, en Parc Toutankhamon. Le Tout-Londres en Barbour se bouscule dans l'escalier mécanique gardé par des rangées d'Osiris et d'Anubis plaqués or. C'est bien la seule attraction du lieu : au rayon « petites filles modèles », Clélia comprend que nous sommes dans un magasin de vieux, et la visite s'en trouve écourtée d'autant.

« Qu'est-ce qu'on va faire, maintenant ?

– On va aller à Ealing.

– Où ça ?

– À Ealing. Je vais te montrer la maison de Mary.
– Tu crois qu'elle y est toujours ?
– Non. Souviens-toi, nous y sommes passés, il y a trois ans.
– Ah…
– Tu te rappelles le monsieur qui avait perdu son dentier ?
– Non. Tu sais, j'avais sept ans… »

Lors de notre premier voyage à Londres, j'avais tenté, une fois encore, de retrouver la trace de Mary Crooker. Son adresse était gravée dans ma mémoire : 5 Mount Avenue.

Nous avions pris le métro jusqu'à Ealing Broadway. Le chemin m'avait paru familier, j'avais reconnu les grands jardins qui bordent la gare, mais, arrivé Mount Avenue, j'eus le sentiment de m'être trompé. Le numéro 5, une maisonnette de brique jaune décrépite, n'éveillait en moi aucun souvenir. Il n'y avait pas de nom sur la sonnette, le jardinet n'avait pas été entretenu depuis longtemps, des détritus et des mégots jonchaient l'herbe rare. Seul vestige d'un propriétaire soigneux, une plaque ronde, en faïence, un 5 entouré de fleurs. Par les vitres sales, derrière les rideaux déchirés, je n'apercevais que le bric-à-brac d'une maison depuis longtemps inhabitée.

À la porte du petit immeuble voisin, j'avais appuyé au hasard sur une des sonnettes. Un vieil homme avait écarté un rideau, au rez-de-chaussée, m'avait fait signe d'attendre. En ouvrant la porte, il avait laissé échapper son râtelier, récupéré de justesse avec un bruit de succion. Il venait d'emménager et ne connaissait personne dans le quartier.

Depuis notre dernière visite, le numéro 5 est toujours inhabité, le même désordre règne à l'intérieur. J'avise les occupants de la maison d'en face, qui bavardent sur le trottoir. Mais ils ne sont là « que depuis vingt ans » et n'ont jamais entendu parler de la famille Crooker. Autant qu'ils sachent, la plupart des gens du quartier sont aussi des nouveaux venus.

Je veux m'accorder une dernière chance. Nous retraversons et je sonne au numéro 9. Une dame vient ouvrir, et avant même qu'elle ne parle, je sais que j'ai retrouvé la maison. Je revois, à gauche, le petit salon où j'ai joué du piano. Au fond, la cuisine où, le temps que Mary prépare un biberon, j'ai pris sa fille Ñusta dans mes bras – Ñusta qui doit avoir trente-trois ans aujourd'hui…

Je me présente, expose les raisons de ma présence. La dame m'observe, observe Clélia, me répond que les Crooker ont bien habité là. Mais ils sont morts. Elle ignore ce qu'est devenue Mary, croit savoir que son frère habite le quartier. Elle ne m'en dira pas plus.

« Vous comprenez, je ne sais pas qui vous êtes.

– Vous n'avez pas l'adresse de son frère ?

– Non. Mais il doit être dans l'annuaire. »

La dame nous gratifie d'un bref salut et referme la porte du numéro 9.

Chapitre 16

Vue des ruines dans les jardins de Kew

She knows not what the curse may be,
And so she weaveth steadily,
And little other care hath she,
The Lady of Shalott.
ALFRED TENNYSON

Mary Crooker avait jeté un œil vers moi – crinière hirsute, moustache *Brigades du Tigre*, chemise de satin bleu électrique, pantalon de velours feu, bottes mexicaines à très hauts talons – et m'avait souri.

Mon aspect d'homme des bois psychédélique ne l'avait pas troublée. Mary était la secrétaire de Richard Branson, qui venait de lancer la compagnie de disques Virgin. Entre les musiciens de Henry Cow, ceux de Faust et de Gong, elle avait l'habitude de voir des *freaks* défiler dans son bureau. Elle engagea la conversation en français – appris au cours d'une enfance buissonnière passée dans le sillage de son papa diplomate. Je bavardai avec elle, ne quittant pas des yeux ses mains couvertes de mitaines.

Qu'est-il arrivé à Mary Crooker ? Et d'abord, s'appelait-elle Crooker ou Hoogenboom ? Mary Hoogenboom Crooker avait vingt-deux ans, je crois, en 1973. Mais j'ai oublié sa date de naissance. J'ai presque tout oublié d'elle, et pourtant, quand je vais à Londres, Mary Crooker me manque, et je hante les lieux où nous passions notre temps, le Troubadour, Vernon Yard, Earl's Court...

« Alors, elle était jolie ? » insiste Clélia.

Ses cheveux auburn tombaient jusqu'à la taille. *Lady of Shalott* sans la mélancolie, Mary avait la gracilité d'Audrey Hepburn. Elle était altière, nimbée de la mystérieuse grandeur de ceux dont on ne comprend pas tout. On ne devrait aimer que des femmes dont on ignore la langue.

Ce fut la première fois que j'envisageai sérieusement d'être infidèle à B. Après cinq ans de quasi-mariage, je venais de retrouver la saveur folle de l'amour naissant.

Je laissai mes concurrents français s'enliser comme à Azincourt et tendis mon bras à Mary. Elle se leva, s'en saisit et nous partîmes au pub. Je lui contai mille odes dans mon *broken english.*

Sous ses airs de tanagra, Mary était la plus farouche des *Britonnes* et témoignait d'une longue pratique du Barley Wine, une variété de stout aujourd'hui introuvable. Elle m'apprit qu'elle avait un fiancé – un musicien de Faust[35] –, qu'elle n'avait pas l'intention d'épouser, puisqu'elle était déjà mariée.

Je sentis mes espoirs vaciller et l'inquiétude m'envahir. Comment cette jeune fille, délicate comme une fée des fleurs de Cicely Mary Barker, pouvait-elle avoir autant d'hommes dans sa vie ? Elle me rassura : elle ne vivait plus avec ce Hoogenboom dont elle portait encore le nom, qu'elle avait rencontré au Brésil, et avec qui elle avait fait une petite fille avec tilde, Ñusta – comme « New Star », m'expliqua-t-elle. Mary était une femme du XXIe siècle, courant de son bureau chez sa nounou, de sa nounou chez ses amants.

Malgré son ami de Faust, je me glissai peu à peu dans sa vie. Elle m'apprit l'anglais et me raconta son enfance, ce temps où elle n'avait jamais compris pourquoi on allait juger Bill Poster, lui dont on pouvait lire, sur tous les murs de Londres, qu'il allait être traîné en justice[36].

Un soir, Mary Crooker vint me rejoindre chez des amis anglais qui m'hébergeaient du côté de Holland Road. Nous étions seuls dans la petite chambre où je dormais sur un matelas à une place posé à même le sol. Mary Crooker avait ôté sa jupe d'un geste vif. Elle portait une petite culotte frappée de l'Union Jack.

Au petit jour, nous avions marché jusqu'à Sheperd's Bush et dans Uxbridge Road. Il faisait beau. Je l'avais quittée à mi-chemin et je la regardais s'éloigner en direction d'Ealing. Je l'attendais déjà. J'écrivis une chanson pour elle. J'en ai perdu toute trace, mais je me souviens de la fin :

> *...and I'm so in love with England*
> *That I kiss the smelly flag.*
> *Yes, I kiss the smelly flag.*

Je passai les semaines qui suivirent à trente centimètres du sol. Gong donnait des concerts dans la périphérie de Londres, accueilli par un public fanatique. Je n'avais jamais été aussi fier de ma vie, et ne ratais aucune occasion de faire savoir que je faisais partie du groupe.

Mary avait définitivement écarté son musicien de Faust et elle était toute à moi. Je la retrouvais presque chaque jour, lui apportant une nouvelle chanson, un nouveau poème. Elle arriva un soir avec une bouteille d'hydromel et m'expliqua qu'en boire pendant vingt-huit jours était un gage de fécondité pour les jeunes époux. Notre lune de miel nous mena de Swiss Cottage à Holland Park, de Camden Town à Willesden Junction. Ne pouvant me recevoir chez ses parents, elle s'arrangeait avec ses amis pour se faire prêter une chambre, un appartement pour quelques heures, avant de rentrer chez elle au petit jour pour s'occuper de sa fille. Nous n'habitions nulle part, parcourant Londres en tous sens au gré de nos demi-nuits d'amour.

Quand le Ford Transit fut réparé, le comptable de Virgin m'appela pour me remettre quelques centaines de livres, de quoi ramener en France le camion de location. Je n'avais aucune envie de me séparer de Mary, et je lui proposai de m'accompagner. Elle accepta, et prit deux jours de congé, le temps de faire l'aller-retour.

Nous avions rendez-vous en fin d'après-midi, à Vernon Yard. Pour tuer le temps, j'allai m'équiper de pied en cap dans une boutique de Pembridge Road : un feutre marron à large bord, une chemise kaki à empiècement western fermée par des boutons nacrés, un pantalon de velours rouille, des bottes de la même couleur et un manteau en poulain fauve. J'ajoutai de petites fontes que je jetai sur mon épaule droite : un cow-boy, mais avec le panache mousquetaire.

Dans la première boutique de hi-fi de Notting Hill, j'achetai un lecteur de cassettes, *Ram* de Paul McCartney, *Living in The Material World* de George Harrison et *Tubular Bells* (« In Glorious Stereophonic Sound »). Il faut une mélodie suave pour accompagner un amour. *Tubular Bells* – un Boléro de Ravel électrique, qui venait d'être promu, avec succès, par Virgin – serait la chanson sans paroles de notre voyage de noces.

Quand vint l'heure d'aller chercher Mary chez Virgin, j'avais dépensé l'essentiel de l'argent du voyage. J'omis de lui faire part de ce détail, convaincu que, quoi qu'il arrive, le ciel nous viendrait en aide.

Mary s'installa dans le camion, j'attendis les premières notes de Mike Oldfield, embrayai avec douceur et pris la direction du sud-est. J'avais décidé de naviguer à vue, et nous progressions lentement dans des faubourgs de Londres.

À la nuit tombante, nous étions quelque part dans le Kent, au sud de Sevenoaks. Je tenais le cap, mais en tirant des bords. Ce qui était urgent, c'était de serrer Mary dans mes bras. J'avisai un motel, le Three Musketeers Hotel. J'y entrai triomphalement, feutre sur la tête et fontes à l'épaule, et dis au réceptionniste : « *You know, the three musketeers, they were four. I'm the fifth one…* »

Depuis que je m'étais installé sur la planète Gong, j'avais perdu presque tout contact avec la réalité. Aux côtés de Mary, je me sentais invincible et n'imaginai pas que la magie pût s'arrêter. La réaction soupçonneuse du concierge du motel me renforça dans l'idée que les Terriens ne comprenaient rien à rien. Je lui adressai un clin d'œil appuyé, payai d'avance avec les quelques livres qui avaient échappé à ma fièvre acheteuse et entraînai Mary vers notre chambre. Habituée à croiser des gens extravagants dans son bureau, elle ne soupçonnait pas l'état d'exaltation dans lequel je me trouvai. J'avais la verve, l'énergie et le ressort d'un maniaco-dépressif en phase maniaque. Rien n'aurait pu m'arrêter.

Le lendemain, arrivé sur le continent, je continuai à me diriger à la boussole, cap sud-est. Nous n'avions presque plus d'argent, j'ignorais comment je rembourserais le loueur, je ne savais pas où j'allais, mais j'étais heureux d'y emmener Mary.

Notre vie roulait calmement vers Paris sur une route bordée de peupliers. Nous ne croisions aucune voiture, les arbres étaient couverts de feuillage, et pourtant c'était l'hiver. Paul McCartney tentait de couvrir le grondement du diesel. Assise à près d'un mètre de moi, de l'autre côté du capot du moteur, Mary cousait des boutons à ma chemise. Je m'arrêtai un instant pour griffonner un poème. Je me rappelle les derniers vers :

You sew
And I thought I'd like to be old with you.

Ma boussole ne m'avait pas trahi. Dans l'après-midi, nous arrivâmes à Orly. Nous n'avions rien à y faire, mais je pensais y trouver une solution à mes soucis d'argent. Nous errions dans les halls, je faisais le pitre, à la recherche d'un public payant. Sachant le bourgeois toujours prêt à dédommager un bouffon de sa peine, j'avisai, à la table d'une cafétéria, un passager qui semblait s'ennuyer.

Je lui expliquai notre situation. J'en fis une épopée amoureuse. L'homme crut d'abord que j'avais enlevé Mary, mais il m'écouta avec attention et nous proposa de passer la nuit dans un hôtel d'Orly, à ses frais.

Mary se montrait plus qu'hésitante, mais je décidai d'accepter. Un quart d'heure plus tard, nous étions installés dans une chambre du Hilton où j'épluchai la carte du *Room Service.* Notre bienfaiteur nous rejoignit et nous invita à dîner, toujours à ses frais, dans la chambre. Mary, mal à l'aise, restait distante vis-à-vis de notre hôte, qui s'intéressait beaucoup moins à moi, mais se montrait de plus en plus généreux. Il sortit un chéquier et signa un chèque de 1 000 francs pour couvrir les frais de location du camion.

Il fallut me rendre à l'évidence. Sa prodigalité ne venait pas récompenser mes talents de saltimbanque, c'était une avance sur les faveurs qu'il attendait désormais de Mary. Il commença à se montrer pressant. Je me penchai vers Mary et lui proposai une retraite vers la salle de bains. J'embarquai au passage une bouteille de champagne.

Laissant l'homme à ses rêves, nous verrouillâmes la porte et fîmes couler un bain – quatre-vingt-dix-neuf centièmes d'eau, un centième de champagne. Quand nous ressortîmes, près d'une heure plus tard, il avait disparu.

Le lendemain matin, je me dirigeai avec inquiétude vers la réception, où l'on m'apprit que tout avait été réglé. Il nous restait une poignée de francs, un peu de gas-oil et un chèque de 1 000 francs que, faute de compte en banque, je ne pouvais encaisser.

Mon esprit s'était embrumé. Plus le temps passait, plus j'avais le sentiment qu'on avait glissé du LSD dans le champagne de la veille. C'était une illusion, j'étais juste victime de ce qu'on appelait une « remontée d'acide ». Le réel fit de la résistance et la belle aventure bascula.

Je n'avais aucune solution en vue, mais il me fallait ramener Mary à bon port. Je décidai de m'approprier le camion de Monsieur Hertz. Ce n'était pas un vol, juste une façon de m'arranger avec les événements. La folie, c'est l'ultime rempart que l'esprit fatigué dresse face à une réalité rétive. Mais on ne remplit pas un réservoir de pensée magique, et la jauge de gas-oil continua sa course vers le zéro.

Je me souvins que, à l'occasion d'un de mes trajets Douvres-Londres, j'avais sympathisé avec un chauffeur routier, qui m'avait longuement parlé d'un de ses amis vivant près de Soissons. J'avais conservé son adresse, et nous nous rendîmes chez lui. C'était un homme simple, qui vivait dans une maisonnette exiguë. Apprenant que je venais de la part de son ami, il nous reçut avec amabilité, mais ne semblait pas comprendre mes propos qui, depuis quelques heures, étaient devenus sibyllins. Je lui expliquai que je devais rentrer en Angleterre au plus vite, parce que j'avais une mission à accomplir. L'homme me regardait avec perplexité. Il m'assura ne rien pouvoir faire pour nous, tout au plus nous offrir un bol de café et quelques tartines beurrées. Mais je ne lâchai pas jusqu'à ce qu'il finisse par me donner 50 francs, de quoi acheter quelques litres de carburant et peut-être tenir jusqu'au ferry.

Autant l'aller s'était déroulé comme un rêve, autant ce retour prenait une tournure harassante. Nous foncions dans la nuit sans échanger un mot. Autour de moi, tout se nimbait d'un halo acide. Les lumières étaient outrées, les néons aveuglants. Nous parvînmes à gagner Calais sans tomber en panne sèche. Mary retira un peu d'argent au terminal, de quoi payer la traversée. Quand le ferry leva l'ancre, j'eus le sentiment d'être aspiré dans le ciel. Le vaisseau flottait dans la nuit, en route pour ma planète. Les ennemis étaient restés à terre. J'étais sauvé.

À Douvres, le douanier anglais s'étonna que l'on puisse traverser la Manche avec un camion vide. Il fouilla méticuleusement nos bagages, puis arpenta le fourgon en tapant furieusement du pied sur le plancher pour en tester la résonance. Je l'observai, serein. Je n'avais rien à cacher, sauf ma destination et ma mission.

Je continuai à ignorer les panneaux et avançai au gré de ma fantaisie. Nous finîmes par déboucher dans un cul-de-sac sur un chantier de travaux publics. Un homme s'approcha de moi. « *You shouldn't be here…* », me dit-il. On ne discute pas avec les extraterrestres. Je lui adressai un clin d'œil et enclenchai la marche arrière.

Nous atteignîmes Londres en milieu de matinée. Je déposai Mary à son bureau. Effarés, les gens de Virgin découvrirent que j'étais revenu à Londres avec le camion que je devais rendre, et me confisquèrent les clés.

Je n'étais plus *persona grata* à Vernon Yard. Richard Branson et sa bande me rêvaient à des années-lumière de Portobello Road. J'avais en outre rompu avec Gong, que je ne trouvais plus digne de mes ambitions. La mort dans l'âme, je fis mes adieux à Mary. Je voulais me rendre chez un ami à Oxford, et réfléchir à ma mission. Je rejoignis le rond-point de Sheperd's Bush d'où part la M40. Il faisait nuit, déjà, l'endroit était lugubre, les voitures m'ignoraient. Le vent m'apporta une vieille gravure, «*A view of the ruins at Kew Gardens*». Je la rangeai soigneusement dans mon attaché-case.

Enfin, un Ford Transit bleu s'arrêta. Il n'allait pas à Oxford, mais vers le centre de Londres. Je n'étais pas d'humeur à lutter contre le destin. Je montai et m'installai sur la banquette.

Après quelques minutes, le conducteur m'expliqua qu'il devait s'arrêter un instant et me proposa de l'attendre dans la cabine. Mais le temps passait, mon chauffeur ne revenait pas. Je vis, à l'extrémité de la rue, une immense croix de feu brûler dans la nuit noire. Voilà qui me rappelait à ma mission, dont j'ignorais toujours tout. Pourquoi le vent m'avait-il apporté une gravure? S'agissait-il d'aller retrouver quelque émissaire dans les jardins de Kew?

Si le ciel était avec moi, il m'enverrait un autre signe. Je tentai de faire démarrer la camionnette avec la clef de mon attaché-case. Le tableau de bord s'éclaira. Je me glissai à la place du conducteur, pressai le démarreur, et en route. Avec un camion, Londres m'appartenait.

Après une nuit passée dans le fourgon, je revins à Portobello Road, garai le Transit près de l'entrée de Vernon Yard et attendis l'arrivée de Mary.

À compter de ce moment, mes souvenirs sont plus confus. Rien n'est perturbant comme d'avoir une mission à accomplir sans en connaître la nature. Pourtant, les signes s'accumulaient. Je déchiffrai les plaques des voitures, m'attardai sur les phrases formées par des affiches déchirées, ramassai des pages de journaux et tentai de rassembler les éléments de ce puzzle, en vain. Je me rappelle avoir imploré la protection d'un pasteur dans un temple. L'homme me proposa de rester là, le temps que l'ennemi s'éloigne. Une contrebasse était appuyée près de l'autel. J'en jouai les yeux clos. Lorsque je les rouvris, le temple était plein de fleurs…

C'est peut-être ce même jour que, pieds nus dans Portobello Road, j'ai attiré l'attention des commerçants en tentant de m'emparer d'une enseigne. Quelqu'un a appelé la police. Elle a poliment exigé de voir mes papiers, m'a demandé si je savais quel jour nous étions et comment je m'appelais. Tout cela se passait près de Vernon Yard. Mary, alertée, vint à mon secours et expliqua que j'allais bien, que j'étais un peu fatigué. Elle m'accompagna dans un bar voisin où elle m'offrit à manger.

Comme il fallait survivre, j'eus recours à des expédients. Je me fis passer pour un journaliste français et dînai gratuitement dans des restaurants à la mode. Je dérobai un attaché-case, qui ne contenait rien, sinon un petit dictaphone que je revendis. Je travaillai trois jours dans une entreprise où j'emballais des transistors. Je m'en appropriai trois, et toute l'équipe fut virée « *because of stolen stuff* ».

Un soir que j'errais dans la gare de Paddington en quête d'un peu de fortune, je me retrouvai dans une cour à l'écart, devant un petit bâtiment préfabriqué. Je donnai machinalement un coup d'épaule dans la porte, puis un second. Mon manteau de poulain se déchira dans le dos, mais la porte s'ouvrit.

C'était un petit bureau. Le métal d'un vieux coffre-fort éclairé par la lune luisait dans le fond. Je fouillai les tiroirs et mis la main sur la clé du coffre. J'y découvrai une enveloppe contenant une trentaine de livres et un carnet de tickets-restaurant. Je quittai promptement la gare, hélai un taxi, allai m'installer dans un hôtel confortable de Kensington et appelai Mary, qui vint me rejoindre. Le lendemain, il me restait quelques tickets-restaurant.

Le soir venu, j'allais rejoindre le *Swinging London* au Dingwall's, le *ballroom* de Camden Town. C'était une immense salle où l'on donnait des concerts. J'y avais « joué » avec Gong. J'y étais chez moi et connaissais suffisamment d'habitués pour me voir offrir quelques pintes de bière. Souvent, je terminais la nuit chez des inconnus, avant de reprendre mon errance dans Londres.

J'avais toujours le chapeau, les fontes, le manteau de poulain et les bottes (elles ne rendraient l'âme que six mois plus tard à Paris), mais j'étais plus sage. L'obsession de la mission m'avait quitté. Je peaufinais mon nouveau projet : enregistrer les chansons que j'avais composées pour Mary. La vingtaine de feuillets étaient rangés dans mon attaché-case, dans une de ces chemises en carton glacé contenant du papier à lettres et des enveloppes que l'on trouve dans les hôtels. Ne pas savoir chanter et n'avoir aucun moyen de payer un studio ne m'arrêtait pas. Je discutais très sérieusement des détails de mon prochain album avec des musiciens, le soir à Dingwall's, et certains m'avaient assuré d'une collaboration à titre gracieux.

Conforté dans mon rêve, je songeai maintenant à réaliser un film, autour de notre voyage à Paris. On en parlait encore chez Virgin : beaucoup n'y avaient vu ni plus ni moins qu'un enlèvement. Mary, elle, s'était contentée de dire : « *I thought it was a dream.* » Avec le temps, notre aventure semblait frappée d'irréalité, seul un film pourrait rappeler qu'elle avait vraiment eu lieu. Je fis le siège de quelques maisons de production de Londres. Je ne fus jamais éconduit brutalement. On prit la peine de m'écouter, on alla jusqu'à m'assurer que mon scénario était passionnant, avant de m'accompagner jusqu'à la porte. Les Anglais sont doux avec les *lunatics.*

Il fallait me sortir de mon rêve, mais je n'en avais ni la force ni l'envie. Je vivais comme si j'habitais toujours la planète Gong alors que j'en étais descendu depuis plusieurs semaines. Je n'avais plus d'ancrage social. J'étais un *homeless* de luxe, dont le manteau de poulain et le chapeau de feutre accusaient des signes de fatigue.

Mes anciens camarades de la Planète s'étaient émus de mon état. « Bloomdido » me donna de quoi rentrer à Paris. Docile, j'achetai un billet Londres-Douvres, montai dans un train à la gare de Victoria, m'assis dans un compartiment et sombrai immédiatement dans un profond sommeil.

Deux heures plus tard, j'en fus tiré par le silence qui régnait dans le train totalement vide. Il faisait nuit. Je descendis sur le quai. Mais je n'étais pas à Douvres. Le train, qui faisait la navette entre la Capitale et la côte, m'avait ramené à Victoria Station.

Je repris mon errance, continuai à voir Mary, mais nos rencontres s'étaient espacées. Elle était la seule personne dont les paroles parvenaient encore à atteindre mon esprit égaré, se montrait douce, amicale, d'une bienveillance que je n'avais jamais connue. Je lui étais reconnaissant de perdre son temps avec moi, qui n'avais rien à lui offrir, excepté mes folies et des poèmes.

Elle s'attacha à me faire comprendre que je ne pourrais pas tenir éternellement sans travailler, que les rares personnes qui consentaient à m'aider, m'offrant un billet de 5 livres ou m'accordant l'hospitalité pour quelques nuits, allaient se lasser. Elle m'encourageait à écrire.

Je finis par suivre son conseil. Au printemps 1974, je m'embarquai pour la France et pris un train pour Paris.

Quelques jours plus tard, toujours vêtu en mousquetaire, je frappai à la porte de *Rock & Folk* et proposai à Philippe Paringaux un article sur Virgin. Il m'invita à l'écrire et à en discuter quand ce serait chose faite, car il n'achetait pas chat en poche.

Enfin muni d'un ordre de mission, je repris le chemin de l'Angleterre. J'avais tempéré ma folie des grandeurs, et c'est en Magic Bus – un car à bout de souffle qui mettait quinze heures pour conduire de Paris à Londres un chargement d'étudiants fauchés – que je fis le voyage. J'arrivai exténué, appelai Mary. Elle parvint à convaincre Richard Branson de m'accorder une interview. Il n'était encore sous le choc des avanies que je lui avais fait subir, mais accepta de me parler.

Mon interview en boîte, je donnai rendez-vous à Mary au Troubadour. Nous ne nous étions pas vus depuis plusieurs semaines. Quand elle arriva, je compris que notre secret était perdu. La lueur qui allumait ses yeux avait disparu. Moi-même, je me tenais à distance, j'avais le sentiment de retrouver une cousine qui avait trop grandi. Je ne faisais plus rêver Mary Crooker, et elle faisait moins battre mon cœur. Quand je la quittai, cette nuit-là, je sus que nous ne nous reverrions plus.

Je rentrai en France abattu. Perdre quelqu'un, c'est dur, mais perdre l'amour, c'est une noyade. Je me débattis quelques semaines jusqu'à sentir un peu de sable sous mes talons, et repris pied sur une terre où je ne connaissais personne, dans un petit hôtel de la rue de Nesle. Je survivais en faisant la manche entre l'Odéon et la rue de Buci. Chaque matin, dans la cuisine de l'hôtel, je dévorais, sous l'œil bienveillant de la gérante, l'équivalent de trois petits déjeuners, mon unique repas de la journée.

Lorsque la manche s'était révélée infructueuse et que je

n'avais pas réuni de quoi payer une chambre, la patronne me laissait dormir dans son lit. Un guitariste américain, qui m'aurait volontiers remplacé, s'enquérait régulièrement de l'évolution de nos nuits. Mais il ne se passait rien, et le jeune homme partait en hochant la tête, soupirant « *There must be something wrong with Jacques...* »

Écrire était pour moi la seule façon de revenir à Londres. J'empruntai une machine à écrire et rédigeai mon papier sur Virgin, une lettre d'amour déguisée en article. Rêvant que cette bouteille à la mer atteindrait Mary, je la terminai par un message personnel :

> « *Chagrin d'amour ne dure pas toujours.*
> *Plaisir d'amour dure toute la vie-i-e.* »

La lettre d'amour fut publiée en mai 1974, mais je ne reçus aucune réponse. Pendant les mois qui suivirent, je refusais d'imaginer que, libérée de son *lunatic Frenchie*, Mary fût retournée, soulagée, à une vie moins agitée. Ce n'était pas vingt-deux miles d'eau salée et quelques centaines de kilomètres qui allaient entamer l'amour de Mary, puisque rien n'entamait le mien. Mais le chagrin s'émoussait. Il restait juste cette blessure laissée par une histoire que nous n'avions pas pris le temps de finir.

Je ne mis pas les pieds à Londres pendant quelques années. Quand j'y retournai, aucune de mes tentatives pour retrouver la trace de Mary n'aboutit. Vint un temps où, comme elle, je finis par penser que tout cela avait été un rêve. Pourtant, la dame du numéro 9 était formelle : Mary Crooker avait bien habité là.

Chapitre 17

« Hippie, hippie, pie »

Sur le trottoir de Mount Avenue, Clélia est radieuse.

« Tu vois, tu t'étais trompé. C'était pas le numéro 5.

– Pourtant, j'aurais juré...

– Maintenant, on n'a qu'à aller à la poste. »

Je repère sur mon *London AZ* l'étoile rouge qui signifie « Post Office », et nous redescendons vers la gare. Le petit bureau est fermé. Nous marchons jusqu'à l'agence principale, dans High Street, mais on ne trouve pas d'annuaires dans les postes britanniques. Il faut s'adresser à une bibliothèque.

On m'indique celle du centre commercial. Nous grimpons quelques étages en courant, il reste dix minutes. La bibliothèque est fermée pour inventaire.

Serais-je sur le point de retrouver Mary ? Alors, il me faut renoncer à la virée à Liverpool qui devait conclure nos vacances anglaises. Je n'ai guère de peine à obtenir la bénédiction de Clélia. Malgré son amour pour la ville des Beatles, elle s'est découvert une vraie passion pour Londres.

« Je croyais que tu voulais acheter une maison à Liverpool et vivre là-bas quand tu serais grande.

– En fait, je ferai les deux.

– C'est-à-dire ?

– Je commencerai par acheter une maison à Londres et, s'il me reste des sous, j'en achèterai une autre à Liverpool. Une petite. Parce que j'irai moins souvent, juste pour les vacances.

– Hum hum... On s'ennuie plus, à Liverpool ?

– Non. Mais comme on fait toujours les mêmes choses quand on y va, je préfère rester à Londres. »

Façon délicate de me dire : « Ne compte pas sur moi pour rester plantée devant la maison de George, alors que les soldes battent leur plein dans Oxford Street. » En vraie Parisienne, Clélia réclame des aventures capitales.

Samedi 6 juillet

Alors que Clélia explore les rayons d'une boutique Virgin, j'aperçois, en face de la station de métro de High Street Kensington, un panneau indiquant une bibliothèque. J'arrache Clélia à sa contemplation et l'entraîne vers le bâtiment de brique rouge. Incapables de trouver l'entrée principale, nous empruntons l'issue de secours, seule porte qui n'est pas fermée. Je finis par entrer dans une salle de lecture, et une dame m'indique le rayon des annuaires.

Je pose sur une grande table cirée plusieurs volumes répertoriant les abonnés au téléphone de Londres et Manchester, on ne sait jamais. Mais, une fois de plus, aucun Crooker ne vit, ni à Londres, ni à Ealing, ni à Manchester. Je range les gros volumes cornés sur l'étagère.

Dans la rue, Clélia se veut rassurante.

« Je suis sûre qu'on va la retrouver.

– Tu es gentille de me dire ça, mais je me demande comment. Si j'étais millionnaire, je pourrais mettre des affiches dans Londres... "Oh vous qui connaissez l'Angleterre, avez-vous connu Mary Crooker, Mary, Mary..."

– Moi, je suis sûre que la dame d'hier sait où elle est.

– Tu crois vraiment ?

– Oui. Mais elle a dû avoir peur de toi. Enfin, pas peur, mais elle devait se demander ce que tu voulais. Surtout avec une petite fille avec toi…

– Tu sais ce qu'on va faire, Clélia ? On va penser à autre chose. On va retourner à Notting Hill au Twelth House. Peut-être que le serveur napolitain est toujours là…

– D'accord. »

Je prends la direction de Notting Hill, me gare dans Pembridge Road, où, chaque jour, pendant des semaines, j'ai attendu que Mary me rejoigne à l'heure du déjeuner…

Au Twelth House, le serveur nous reconnaît et bavarde amicalement avec nous. Après un brunch savoureux et un cappuccino, dont Clélia écume la crème, nous repartons vers Portobello Road. Comme chaque samedi après-midi, le marché aux puces a envahi toute la rue. À l'angle de Vernon Yard, un brocanteur vend des cottes de mailles et des cuirasses. Mais je n'en ai plus besoin.

C'est la même joyeuse pagaille que quelques décennies auparavant. Cette fois, j'ai un peu d'argent en poche, je pourrais m'approcher des stands, demander un prix, discuter avec les marchands, mais je me tiens à distance, comme autrefois, quand les étalages n'étaient pas pour moi.

Clélia achète quelques bougies parfumées pour sa maman et, vers quinze heures, je donne le signal du départ.

Je file plein ouest, rejoindre le pont de Kew. Je n'attends plus de message de la planète Gong, j'ai juste envie de refaire la promenade de Ringo dans *A Hard Day's Night*.

En suivant les indications du figurant rencontré quatre mois plus tôt dans le pub de Twickenham, nous rejoignons le petit chemin en bordure du fleuve où Ringo vient soigner sa gueule de bois et joue avec un jeune garçon. Les Beatles viennent à point me sortir de ma mélancolie.

Nous inventons un dernier prétexte – une soif subite – pour nous installer à la terrasse d'un pub voisin de l'entrée des jardins de Kew. De jeunes Anglais moulés dans des tenues d'un blanc immaculé jouent au cricket. La plupart du temps, ils restent immobiles, dans l'attente d'une éventuelle action. Un peu d'agitation, accompagnée de cris modérés, s'empare parfois des joueurs. Puis chacun retourne à son immobilité de pingouin.

Cette nuit encore, nous dormirons sur le sol *briton.* J'ai choisi de boucler notre séjour par Bournemouth, afin de goûter aux joies balnéaires de la côte sud. Ce n'est pas un projet d'une grande témérité, nous sommes en juillet. Mais le froid et la pluie ont ramené la température de l'eau aux alentours de quatorze degrés.

Arrivée sur la plage au pied de notre hôtel, Clélia, que j'ai vu plonger dans la Manche au mois de mars, recule. Pas un baigneur à l'horizon. La jetée est déserte, les rares promeneurs se réfugient dans les bars voisins.

Bournemouth ressemble au Touquet un jour de grand frais : ciel bleu, eau glacée, passants serrant le col de leurs parkas. Il n'y a rien à faire ici et nous remontons à l'hôtel, qui a tout de la pension de famille pour retraités.

Le retour à la réalité est un peu trop abrupt. Je décide de bouleverser mes projets du lendemain. Au lieu de gagner Portsmouth par la route, nous le ferons par la mer, en passant par l'île de Wight.

Dimanche 7 juillet

« C'est beau, l'île de Wight ? demande Clélia.

– La seule fois où j'y suis allé, c'était en 1970, pour un festival pop.

– Y avait les Beatles ?

– Non, ils ne donnaient plus de concerts depuis longtemps. J'ai vu les Who, Donovan, Jethro Tull...

– Que des gens que je connais pas. Et c'était bien ?

– C'était... c'était spécial. Je n'avais jamais été dans un festival. J'étais en stop, avec deux copines, mais on avait décidé de se séparer pour aller plus vite.

– Et ça a marché ?

– Pour elles, oui. Moi, j'ai fait dix kilomètres et je n'ai plus bougé.

– C'était à cause de ta moustache !

– Pas du tout. J'étais rasé de prêt et très bien habillé. Trop bien, même. À la fin de la journée, j'ai pris un train. Et je suis arrivé à Portsmouth. Il y avait des milliers de gens qui montaient sur les ferries à destination de l'île... »

Avant mon départ pour le Troisième Festival de Wight, j'avais révisé Woodstock et écouté la plupart des groupes au programme. Cela me paraissait suffisant, j'imaginais être fin prêt pour trois jours de musique, d'amour et de paix.

Je n'avais aucune idée du *dress code* hippie. En m'installant sur le côté gauche de la route menant de Douvres à Portsmouth, je m'aperçus que ma tenue jurait furieusement avec celles des autres candidats au voyage. Tous arboraient chemises de couleurs vives, vestes de peau, jeans transformés en patchwork, serre-tête, colliers, bracelets en perles, en cuir, en laiton et bagues à chaque doigt.

Avec mes cheveux mi-longs, je ressemblais à un minet évadé du Drugstore et chaussé par Bally. Je portais une chemise tête-de-nègre très près du corps et un pantalon de jersey marron à larges pattes d'éléphant.

Les automobilistes semblant préférer ces Comanches

endimanchés à un jeune Français repassé, je n'eus d'autre choix que de recourir aux chemins de fer britanniques. Mes deux compagnes de voyage, B. et sa sœur, m'attendaient sur les quais, devant la passerelle du ferry pour Wight. Elles s'étaient changées et avaient enfilé de longues robes en acétate noir, qui leur donnaient l'air de veuves du Far West, mais s'intégraient beaucoup mieux à l'ambiance que mon costume de ville.

Sur l'île, B. et sa sœur, plus douées que moi pour le contact humain, sympathisèrent avec un groupe de festivaliers. La conversation s'engagea dans une langue très Guerre du Feu, mon anglais de l'époque se résumant à une dizaine de grognements soutenus par des gestes désespérés. Nos nouveaux amis nous invitèrent à partager leur pitance du soir, une série de boîtes de *baked beans* que nous dégustâmes froids.

B., sa sœur et moi nous étions engagés dans cette aventure avec une naïveté absolue : aucun de nous n'avait songé à emporter un sac de couchage ou une couverture. Nous nous dirigeâmes vers le site du festival, convaincus que nous y trouverions un hôtel, à tout le moins un village de toile et quelques châlits. Mais il n'y avait là que des minibus VW éclairés au Campingaz, des centaines de tentes et des grappes humaines rassemblées autour de feux de camp. Des dealers circulaient parmi nous, agitant de petits sachets à bout de bras : « *Haschisch, acid, haschisch, acid…* »

Nous n'avions jusqu'à présent rien vu que cet immense camp de réfugiés. La musique, charriée par le vent de mer, ne nous parvenait que par bribes. La scène semblait s'éloigner au fur et à mesure que nous avancions.

Nous finîmes par mettre la main sur un astucieux commerçant qui vendait à prix d'or des piquets de bois blancs et des feuilles de vinyle noir, de quoi fabriquer un abri de fortune. Nous l'installâmes au plus vite, car il semblait important de délimiter son territoire, l'ennemi n'hésitant pas à s'emparer de tout mètre carré inoccupé.

Notre bivouac dressé, nous nous mîmes en quête de la scène. Nous progressions lentement, guidés par la musique, nous efforçant d'enjamber les corps sans en piétiner aucun. Mes Bally souffraient beaucoup du sol meuble et le bas de mon pantalon avait pris une teinte boueuse.

Il était près de onze heures du soir quand nous atteignîmes la grande scène couverte, dont chacun s'efforçait de s'approcher au risque d'être alors écrasé contre les barrières. Je trouvai un coin relativement abrité. B. et sa sœur avaient disparu, avalées par la marée humaine, mais je ne m'en souciai guère : ici, c'était chacun pour soi.

Jethro Tull venait de s'installer sur la scène. Ian Anderson annonça qu'il allait jouer *Bourree*, se saisit de sa flûte, souffla une bouillie interminable. Décidément, je n'avais pas de chance. L'arrivée de Donovan, angelot timide susurrant des choses folky, me décida à regagner mon abri. J'étais moins prudent qu'à l'aller et j'entendis à plusieurs reprises les protestations des festivaliers que je piétinais.

Notre toit de vinyle n'était pas bien grand. Quand B. et sa sœur, qui trouvaient la soirée formidable, vinrent me rejoindre, nous nous serrâmes les uns contre les autres. Bercé par la « musique », je m'endormis à plusieurs reprises.

À six heures du matin, frigorifiés et courbatus, nous partîmes à la recherche de boissons chaudes. Le sol avait été piétiné toute la nuit… on se serait cru à la pointe du Hoc. Les rares endroits dégagés étaient jonchés de canettes vides. On les traversait en titubant, laissant derrière soi des tintements d'alpage.

B. et sa sœur s'étaient mises au diapason et arpentaient le festival en tenant leurs jupes relevées. La chaleur humaine mêlée de boue les ravissait. Elles refusèrent à l'unisson ma proposition de quitter ce chemin des Dames pop pour retrouver la civilisation.

J'ai un souvenir très vague de la programmation du dernier jour, vingt-quatre heures de poussière, de bruit et de bousculades. Je me rappelle avoir aperçu les Who se démener sur scène, avant de retourner me blottir sous ma feuille de vinyle. De là, j'ai nettement entendu la foule hurler à l'arrivée de Jimi Hendrix, mais je n'avais pas le courage d'affronter à nouveau le 400 mètres haies.

J'accueillis avec soulagement la nouvelle que la fête était finie. Tout autour, des corps s'extrayaient de la poussière. Comme dans les résurrections sculptées au tympan des églises, ils souriaient.

Je me dirigeai vers la sortie. La foule m'avait soulevé de terre, je lévitai sur une centaine de mètres, peinant à trouver ma respiration. Puis l'étau se desserra. J'étais sur une route. B. et sa sœur me rejoignirent sur le ferry qui débordait de réfugiés hagards mais ravis.

« Si y avait eu les Beatles, tu te serais peut-être plus amusé, hasarde Clélia.

– Je crois que c'est plus une question de gens que de musique. Il y avait trop de monde. Et puis, c'était mon premier festival. Je me suis rattrapé, après… Ce qui m'a étonné, c'est la façon dont mes copines se sont adaptées. En cinq minutes, elles étaient chez elles.

– C'est les filles, ça…

– Tu crois ?

– Oui, si on aime la musique, on est contente. On oublie tout le reste.

– Tu dois avoir raison. C'est toujours les filles qui m'ont entraîné. Même toi, regarde. Sans toi, je ne serais jamais revenu ici.

– Tu serais même pas allé à Liverpool !

– Sûrement… »

Épilogue

Capitale de la mélancolie

Mercredi 1er janvier

Happy New Year! L'Angleterre se prépare à une *annus super horribilis.* Tony Blair a dressé la liste de ce qui attendait ses concitoyens: guerre avec l'Irak, récession, déclin des systèmes de santé et d'éducation, augmentation des problèmes de transports publics. À part ça, la pluie n'a pas cessé depuis trois jours, et la moitié du pays est sous les eaux.

Nous avons fui la ville, pas encore remise de sa gueule de bois, direction Ascot. Nous n'allons pas aux courses, mais à la découverte de Tittenhurst, le gros gâteau blanc d'*Imagine,* une villa géorgienne bâtie au milieu d'un arboretum remontant au XVIIIe siècle où John et Yoko habitèrent de 1969 à 1971. Après avoir été vendu à Ringo, qui vécut là jusqu'en 1988, Tittenhurst a été racheté par un scheik venu d'Abou Dhabi, qui n'y passe guère plus d'une semaine par an, mais tient à protéger sa *privacy.* Il a entouré la propriété d'un mur de trois mètres de haut et entrepris de rénover la maison: en réalité, d'anéantir toute trace du passage des deux Beatles. Il n'y a plus rien à voir à Tittenhurst. Depuis la route Ascot-Londres, on peut juste *imaginer,* derrière la grille ouvragée façon *Mille et Une Nuits,* la terrasse de la «chambre blanche».

Sur la route du retour, nous faisons un crochet par Kenwood, la première maison de star – elle compte vingt-sept pièces – que John s'offrit en 1964 et où il expérimenta le LSD, la méditation transcendantale et le sentiment d'être plus célèbre que Jésus. La villa en faux Tudor est posée sur une colline, protégée par des rideaux d'arbres, au fond d'une allée marquée d'une plaque verte précisant : « Wood Lane, Cul-de-sac ».

Derrière les grilles de Kenwood, on ne perçoit aucune présence. On se croirait dans la forêt de Rambouillet, entre Les Mesnuls et Montfort-l'Amaury, du côté de la villa Guerlain et des résidences de quelques capitaines d'industrie. Pelouses irréprochables, parterres qui sentent le jardinier paysagiste, entrée bitumée large comme une autoroute. Une maison de riche, avec deux sonneries : l'une marquée « Service », l'autre sans nom. Les gens normaux n'ont qu'une sonnette, et ils mettent leur nom dessus.

L'accès au quartier étant réservé aux « riverains », nous avons dû laisser la voiture à près d'un kilomètre, derrière une barrière blanche. Nous marchons dans ce grand parc désert, percé d'allées qui vont se perdre au fond des bois, une Sologne anglaise où se terrent les riches Londoniens. Hauts murs, grilles, caméras, silence. Aucun cri d'enfant, pas même l'aboiement d'un chien.

« Je suis contente de partir, me dit Clélia, alors que nous regagnons la voiture. Je sais pas pourquoi, mais j'aimerais pas vivre ici. J'aurais peur. »

À Londres, la parade de Nouvel An a défilé au milieu de spectateurs clairsemés encadrés par des bobbies. La ville se prépare à la guerre contre le terrorisme. Pour la première fois depuis 1940, les fêtards du Réveillon se sont vu refuser l'accès à Trafalgar Square et sont allés faire les hooligans ailleurs.

Londres n'a jamais semblé aussi paisible, mais les journaux sont là pour nous ramener à la réalité. L'eau monte dans le Surrey, a recouvert une partie des Midlands, le sud du pays de Galles est menacé. Un clochard a trouvé des restes humains en fouillant des sacs-poubelle du côté de Camden. Un forcené, qui a pris un de ses voisins en otage, s'est barricadé chez lui depuis cinq jours à Hackney.

« Hackney », c'était la réponse à une des questions du *Weakest Link* (*Maillon faible* britannique, animé par une Laurence Boccolini maigre) : « Quelle maladie de peau porte phonétiquement le même nom qu'un quartier de l'est londonien ? » Nouvel An oblige, l'émission était « spéciale », et tous les candidats étaient des sosies d'Elvis – dont une femme, Mademoiselle Di.

« Les Anglais, ils ont toujours de bonnes idées », a remarqué Clélia.

Peu désireux de nous associer à l'opération ville morte, nous avons décidé de passer la soirée devant la télé. Clélia, qui apprend l'anglais depuis son entrée au collège, s'est emparée du programme télé et cherche une émission à son goût.

« Y a rien, dit-elle, dépitée.

– Tu es sûre ? Passe... On pourrait regarder le jubilée de la reine.

– C'est quoi, le jubilée ?

– C'est la fête que les Anglais ont organisée pour les cinquante ans de règne d'Élisabeth II.

– Génial...

– Attends, c'est un concert. Il y a plein de groupes. Et même Paul McCartney... »

D'un coup de télécommande, nous nous retrouvons au premier rang, face à la scène dressée devant Buckingham Palace. De chaque côté, un lion et une licorne étreignent des guitares électriques. Perché sur la terrasse du palais, Brian May ouvre le bal avec une version hendrixienne de *God Save The Queen.*

Sur l'écran, les vieux rebelles alternent avec les petits-enfants de Cliff Richard, mais tous ont la fibre royale chevillée à la guitare. Face à une forêt de mains agitant de petits drapeaux, Ray Davies chante *Lola* drapé dans un veston aux couleurs de l'Union Jack.

J'essaye d'imaginer une version française de l'événement, Jean-Jacques Goldman hurlant « Quand la République est bonne », Eddy Mitchell en veston tricolore et Johnny reprenant *La Marseillaise* sur le toit de l'Élysée… L'arrivée des Corrs m'arrache à mon cauchemar. Je suis fasciné par Andrea, la chanteuse. C'est une jeune Irlandaise aux cheveux de jais d'une grande beauté. Elle a été classée, dans un sondage, « quarante-deuxième plus belle femme du monde ». Interrogée sur cet hommage, elle a haussé les épaules : « Ça ne veut rien dire, personne ne connaît toutes les femmes du monde ».

Je ne sais pas qui sont les quarante et une autres, mais la belle Andrea me rappelle quelqu'un…

« Tu vois la chanteuse ? dis-je à Clélia. Eh bien, Mary était un peu comme ça…

– Mais tu m'avais dit qu'elle était blonde !

– Un peu comme ça en blond vénitien, très mince, un air fragile, comme elle, regarde, on dirait que le vent va l'emporter… »

Clélia détaille la demoiselle et s'exclame :

« Pourquoi tu m'as pas eue avec Mary ? Je regrette pas du tout ma maman, hein, attention… Mais on vivrait en Angleterre. J'aurais… T'avais vingt-deux ans ? J'aurais vingt-cinq ans… Je serais mariée… »

Elle réfléchit à cette perspective.

« Non, y a un truc qui va pas. J'aurais pas pu aimer Daniel Radcliffe. »

Jeudi 2 janvier

Il pleut de plus en plus, la nuit tombe à quatre heures *pm.* On pourrait penser que tout est normal, mais les journaux et la télévision, qui semblent tombés aux mains des témoins de Jéhovah, nous rappellent que la fin est proche : « Deux adolescentes tuées par balle lors d'un réveillon. » « L'éventreur a-t-il tué une troisième femme ? » « Le Sud est sous les eaux. » « La voiture volée brûle un feu rouge et tue une fillette de six ans. » « Le Fort Chabrol de Hackney en est à son septième jour. » Il y a aussi ce propriétaire de pub qui, furieux de n'avoir pas été servi dans son propre établissement, est revenu aux commandes d'un tractopelle, l'a lancé à quatre reprises contre la façade – un bâtiment classé XVIIe siècle – jusqu'à ce qu'elle s'effondre. Fidèle à lui-même, le *Spectator* se démarque par *la* vraie question : « Pourquoi ne pas tout simplement tuer cet homme ? » (à propos de Saddam Hussein).

J'ai fait le plein dans une station-service d'Edgware Road : sur la tête du pistolet, un autocollant invitait à appeler la police pour dénoncer tout crime dont on aurait été témoin. L'étiquette rappelait qu'une récompense pouvait être accordée « dans certains cas ». David Blunkett a du boulot : Scotland Yard a enregistré trois cents échanges de coups de feu à Londres au cours du seul mois de décembre 2002 : les gangs liés au trafic de crack se mitraillent en pleine rue, à grandes rafales d'AK 47, d'Uzi et de M-16 que l'on peut se procurer pour une centaine de livres.

Pendant la guerre civile, les travaux continuent. Channel 5 propose un étonnant programme appelé *Demolition.* L'émission oppose deux équipes bardées de marteaux-piqueurs, de tronçonneuses, de barres à mine et de masses. Les candidats doivent réduire un appartement en morceaux suffisamment petits pour passer par l'ouverture d'une boîte aux lettres, d'où ils échouent dans une benne posée sur une balance. L'équipe gagnante est celle qui a le meilleur poids de gravats.

Pendant l'insécurité, la vente continue. Il paraît que les affaires n'ont jamais été aussi mauvaises, mais dans Oxford Street, King's Road, Kensington High Street et Knightsbridge, on avance difficilement sur les trottoirs, parmi les chalands chargés de sacs Gap, Marks & Spencer, Zara, Muji et Harrod's.

Vendredi 3 janvier

Sur Sky, la chaîne traqueuse de *bad news*, il se passe toujours quelque chose : rien. À Birmingham, on n'a pas encore mis la main sur les auteurs de la fusillade qui a coûté la vie à deux adolescentes. La police doute des résultats de son enquête : inquiets des représailles, les habitants du quartier, majoritairement noirs et presque tous au chômage, refusent de témoigner.

La BBC annonce qu'on a arrêté le *ripper* de Camden. Mais le forcené de Hackney reste barricadé chez lui – huitième jour – et un individu armé d'une hache a sauvagement attaqué une église et blessé grièvement un sexagénaire.

Au Ritz, où nous sommes allés prendre le thé à cinq heures, dans les salons du Palm Court, le calme règne, les scones sont croustillants, le beurre tartinable et les couverts en vermeil. Demain, nous partons pour Liverpool.

Le train est entré sous la grande verrière de Lime Street à 17 h 01, comme prévu.

« Ça fait du bien d'être de retour, hein ? ai-je dit à Clélia.

Tu te rends compte, ça faisait – je compte sur mes doigts – presque neuf mois que nous n'étions pas venus à Liverpool.

– Moi aussi, je suis contente. »

Nous sommes montés dans un taxi conduit par un vieux monsieur tout sourire. Il avait décoré la cabine pour les fêtes : un Père Noël, des guirlandes lumineuses et un énorme « *Merry Christmas* » pailleté.

Le lendemain, nous avons repris notre voyage dans les rues de la ville lovée dans la brume, un trajet presque immuable, ponctué de quelques variantes, lorsque nous exhumons, des mille grimoires consacrés aux Beatles, une nouvelle adresse.

Liverpool sera « Capitale européenne de la culture » en 2008. D'ores et déjà, elle mérite celui de « Capitale de la mélancolie ». Sa cathédrale, que la pluie teinte de grenat, en est l'essence. Avec sa tour avalée par le ciel bas, elle devient ruine immense. C'est le mystère de cette ville, qui passe sans cesse de la joie à l'ombre, de l'agitation au silence, de la paix provinciale à une sourde inquiétude.

Nous avons déniché l'ancienne maternité. Une plaque grise rappelle que John est né là, le 9 octobre 1940. Comme sur la porte de Tittenhurst, on peut lire : « Ce n'est pas ici. »

Dans les rues, les décorations de Noël ont fait place aux affiches annonçant des soldes inouïs dans les boutiques de Church Street.

Pour la première fois, ni Clélia ni moi ne sommes tristes de repartir. Au fil de notre errance autour de Mathew Street, nous avons compris que, pour nous, le voyage à Liverpool ne s'arrêtera jamais.

« And in the end... »

25 mars 2003, Palais Omnisports de Bercy

Il est apparu en ombre chinoise, s'est avancé vers le micro et a entonné *Hello, Goodbye.* J'ai serré la main de Clélia et détourné la tête, car les larmes me montaient aux yeux.

Le petit Paul – vu du fond de Bercy, il faisait moins d'un pouce de haut – a fait renaître les Fab Four pendant plus de deux heures.

« Tu te rends compte ? m'a dit Clélia, il a soixante et un ans.

– Eh oui.

– J'aime bien ses musiciens. Tu as vu comme ils sont jeunes ?

– Oui.

– Quand il est arrivé, je n'arrivais pas à croire que c'était lui qui était là. J'ai pleuré.

– Moi aussi. Enfin, j'avais la gorge serrée... Tu sais, c'est la première fois que je vois les Beatles... »

Notes

1. Paul McCartney, George Harrison, Ringo Starr *et al.*, *The Beatles Anthology*, Le Seuil, 2000.

2. Ses photos les plus connues sont celles des Beatles à Hambourg, au début des années 1960. De cette série est extraite la photo de Lennon illustrant la pochette de *Rock'n'Roll*. Jürgen Vollmer, *Rock'n'roll Times*, Éditions de Nesle, 1979. Réédité chez Penguin USA, 1983.

3. British Academy of Film and Television Arts, les Oscars britanniques.

4. Albert Dock est né d'une version post-moderne de la dialectique du maître et de l'esclave. Dans les années 1970, ces entrepôts déserts, images de la faillite du deuxième port britannique, étaient voués à la démolition. Ils doivent d'avoir été réhabilités aux émeutes de Toxteth, le plus grand ghetto de Liverpool. Comme Nantes, Liverpool avait bâti une partie de sa fortune sur le trafic d'esclaves. Une importante communauté caraïbe vivait depuis plus de deux siècles dans le quartier de Toxteth, dans des conditions précaires. En juillet 1981, la communauté noire, lassée des dérapages racistes de la police municipale, mit le quartier à sac, détruisant plus d'une centaine de bâtiments, incendiant des voitures, pillant les boutiques. Après neuf jours d'émeutes, Toxteth ressemblait à une zone de guerre. Vingt ans après, des rues entières, bordées de maisons aux ouvertures murées, attendent toujours d'être livrées aux démolisseurs. Toxteth servit d'électrochoc. La municipalité chercha un moyen d'enrayer le déclin économique de la ville, et créa la Merseyside Development Corporation. Les anciens entrepôts furent restaurés, transformés en hôtels, en appartements, en boutiques. Ils abritent aujourd'hui le Liverpool Tate et Beatles Story.

5. *In Spite of All The Danger* et *That'll Be The Day*, qui figurent sur l'*Anthology 1* (Apple/EMI).

6. Premier album solo de Ringo (Apple/EMI), où il reprend les standards qui avaient bercé son enfance.

7. Même si quelques pisse-froid exigent régulièrement que le John Lennon Airport, l'aéroport de Liverpool, soit débaptisé, car « il est inadmissible qu'il porte le nom d'un drogué », les Anglais sont plutôt fiers de leur Beatle assassiné. En 2002, Lennon était huitième dans un sondage de la BBC dressant la liste des « cent Britanniques les plus célèbres de tous les temps ». Lennon est devancé par Churchill (1er), Diana (3e) et Shakespeare (5e). McCartney est 19e, George Harrison 62e. Aucune trace de Ringo…

8. C'est aussi le cas de *Mendips*, que Yoko a rachetée et donnée au National Trust. La villa est ouverte à la visite depuis avril 2003. On peut y voir, dans la chambre de John, « son » lit de jeune homme entouré d'affiches d'Elvis et de BB.

9. Oscar d'Adelsward était un des premiers maîtres de forge lorrains, tout comme Henri-Joseph d'Huart ou Monsieur de Saintignon, qui ont, eux aussi, donné leur nom à des avenues de Longwy-Bas.

10. Plusieurs sociétés – Lorraine-Escaut, Senelle, La Providence, Les Hauts Fourneaux de la Chiers – étaient installées à Longwy, mais, quelle que fût celle qui l'employait, l'ouvrier faisait référence à *l'Usine*.

11. *L'Homme des vœux* était un jeu radiophonique patronné par l'apéritif Bartissol. L'animateur allait de ville en ville. Chaque jour, il jetait son dévolu sur un passant et lui posait une question farfelue. Celui qui l'identifiait gagnait un lot, à condition de présenter une capsule de Bartissol.

12. Retrouvée récemment, la guitare en question, une Egmond de 1955, est aujourd'hui estimée à 750 000 € et trône à Beatles Story, le musée de Liverpool.

13. Créateur de *Jezebel*. Une sorte de Gilbert Bécaud époque Monsieur « 100 000 Volts ».

14. *Don't Ever Change*, 1961.

15. Je croyais Ricky Valance américain. Je découvre, quarante ans plus tard, qu'il s'appelle David Spencer, est né à Ynysddu, au pays de Galles, et qu'il a vendu plus d'un million de disques en 1960, un fameux score pour l'époque. Ce fut son seul *hit*, et il se vend toujours. Mais les royalties ne remplacent pas la gloire, et Ricky, en panne de succès, fit une dépression nerveuse. Depuis, il s'est remis à chanter du country dans des cabarets, terminant par *Tell Laura I Love Her* devant de vieilles dames mélancoliques.

16. C'était le genre de chose que la France exportait : sous le titre *Portuguese Washerwoman*, le tube d'André Popp – en version instrumentale – entra dans les charts américains en juin 1956 et grimpa à la 29e place.

17. C'est l'histoire d'une jeune fille qui vient de troquer ses socquettes blanches contre des bas... Ce sont les Compagnons de la Chanson qui en firent la version en français, l'histoire d'une certaine Nathalie qui s'en va « seule au fond du jardin, dans l'air frais du matin, sentir sur ses bras blancs, passer la caresse du vent ». Les Compagnons étaient abonnés à Frankie Avalon, dont ils avaient déjà adapté le *Venus.*

18. *La Fureur de vivre* a pour titre américain, *Rebel Without A Cause.*

19. Rassemblés sous la bannière de la Prisoner Appreciation Society, Six of One (président honoraire, Patrick McGoohan), les fans tiennent une convention, chaque année, où, entre autres cérémonies, ils rejouent la scène de l'échiquier vivant – épisode n° 9, « Échec et Mat » (« Checkmate »).

20. Aujourd'hui, le leader de Gong, soixante-cinq ans, se fait appeler Daevid Alien après avoir été Bébert Camembert, Dingo Virgin, Sri Cappuccino Longfello, Captain Capricorne et Professor Paradox. Il se partage entre une myriade d'avatars, dont Guru & Zero, où il joue aux côtés de Kawabata Makoto et Cotton Casino, deux membres de Acid Mothers Temple, la crème du renouveau psychédélique japonais, Planet Gong et Daevid Allen's University of Errors. Daevid a toujours des visions : lors de la pleine lune d'août 2000, il a vu « Dieu entouré de cent trente-cinq ours en peluche ».

21. Mille excuses à ceux que je n'ai pas cités, Steve, Miquette, Mike, François et les autres. Mais la Planète est vaste et a été l'objet de nombreuses migrations. Pour ceux que ça intéresse, un site à visiter (il offre de nombreux liens) : www.planetgong.co.uk.

22. La – ou le – Débredinoire de Saint-Menoux (Allier) est un sarcophage-reliquaire percé d'ouvertures permettant d'apercevoir les reliques. L'une des ouvertures, circulaire, est assez grande pour y passer la tête. On y introduit celle des « bredins » (les simples d'esprit), afin de les « débrediner ». (Dans *Un idiot à Paris,* Jean Lefebvre joue un « bredin » monté à la Capitale.)

23. Lorsque McCartney rencontre Lennon pour la première fois, dans une fête de quartier, il note avec admiration : « Il a fait une chanson des Del Vikings, *Come Go With Me,* et, manifestement, il ne connaissait pas les paroles. Au lieu de "*Come, little darling, come go*

with me", il chantait des paroles de blues, genre "*Down, down down to the penitentiary*", qu'il avait dû entendre sur un album de Big Bill Broonzy. »

24. Paul s'appelait en réalité Ray Hildebrand, et Paula Jill Jackson. Les deux étudiants avaient été remarqués lors d'un concert de charité donné à Brownsville (Texas) au profit de l'American Cancer Society. Ils avaient interprété une chanson que Ray avait écrite quelques jours plus tôt, le fameux *Hey Paula*. Alors qu'ils avaient d'abord signé sur un petit label, Ray et Jill firent un tel tabac sur les radios locales que Mercury décida de les signer et de les rebaptiser, malgré leur réticence, Paul et Paula. *Hey Paula* resta numéro un pendant trois semaines en février 1963, y compris dans les charts R'n'B, et se vendit à deux millions d'exemplaires. Peu après, Paul et Paula se marièrent, mais pas ensemble, et le duo se sépara en 1965. Il paraît que Jill (Paula) tourne toujours là-bas, au Texas.

25. Spencer Leigh : *The Best Of Fellas, The Story of Bob Wooler, Liverpool's First DJ, The Man Who Introduced The Beatles.* Drivegreen Publications Ltd, KNB House, 7 Rodney Street, Liverpool L1 9HZ.

26. « Elle me donne tout, et du veau tendre », au lieu de « *She gives me everything, and tenderly* » (« Elle me donne tout, et tendrement »).

27. « Les fourmis sont mes amies, le vent souffle sur les fourmis », au lieu de « *The answer, my friend, is blowin' in the wind* » (« La réponse, mon ami, c'est le vent qui la souffle »).

28. Quand le leader de Clash est mort, en décembre 2002, le *Daily Telegraph* – une sorte de *Figaro* rigolo – a publié une nécrologie très élogieuse. L'auteur rappelait que Joe, « icône de la génération punk », avait fait ses études dans une école privée et que son mode de vie « n'était pas totalement non conformiste. Il lisait le *Daily Telegraph*, croyait aux valeurs familiales et avait déménagé pour le Somerset pour élever ses enfants dans un environnement rural ».

29. David Rowley, *Beatles For Sale*, Edimbourg, Mainstream Publishing, 2002.

30. Apple/EMI.

31. Tracks, PO Box 117, Chorley, Lancashire PR6 OUU (www.tracks.co.uk). C'est là que le comédien Jude Law a déniché les agendas de 1959 à 1966 de Brian Epstein, dont il doit jouer le rôle dans un prochain film.

32. www.geocities.com/hollywood/film/8165/index.html.

33. On ne le voit de l'extérieur que dans « Maille à partir avec les taties ».

34. « Britannique de naissance, de nature et par inclination » (dans l'épisode « Danse macabre ».).

35. À ma connaissance, le seul groupe qui ait joué du marteau-piqueur sur scène avant les Plasmatics.

36. En Angleterre, « Défense d'Afficher » a pour équivalent « *Bill-poster will be prosecuted* », ce qui peut aussi se traduire par « Bill Poster sera poursuivi ».

Table des matières

Ce que fan veut ... 11
Chapitre 1
Roule, Britannia ... 15
Chapitre 2
Le mythe de la Cavern ... 29
Chapitre 3
Du côté de chez George ... 37
Chapitre 4
Une adolescence au temps du Général ... 47
Chapitre 5
Chez les yéyés ... 57
Chapitre 6
Prisonniers ! ... 67
Chapitre 7
Rue de l'Abbaye ... 79
Chapitre 8
Sur la route again ... 85
Chapitre 9
La question des noix de coco ... 97

Chapitre 10
Papa promenade 109

Chapitre 11
Le cri du puma 121

Chapitre 12
Number 9 131

Chapitre 13
Fume, fume, fume (dans les toilettes) 139

Chapitre 14
Imprimez la légende 151

Chapitre 15
Extérieurs jour 157

Chapitre 16
Vue des ruines dans les jardins de Kew 167

Chapitre 17
« Hippie, hippie, pie » 181

Épilogue
Capitale de la mélancolie 191

« And in the end... » 199

Notes 201

Impression réalisée sur CAMERON par

BRODARD & TAUPIN

GROUPE CPI

La Flèche

pour le compte des Éditions Ramsay
en septembre 2003

Imprimé en France
Dépôt légal : septembre 2003
N° d'impression : 20446
ISBN : 2-84114-668-5

O.C.